福祉科教育法

桐原宏行 編著

三和書籍

まえがき

　社会経済の変化，少子・高齢化の進行，家族形態の変化など，今日，われわれを取り巻く社会環境は著しい変化を見せている．それと同時に人々の価値観も多様化し，さまざまな生活問題の発現とともに，社会福祉の諸問題も多様化，複雑化する傾向にある．このような社会福祉ニーズの増大に対応していくためには，施策等のハード面の整備が進められることはもちろんであるが，福祉実践における専門的援助者の存在がより重要となる．

　こうした状況のなか，1999（平成11）年の「高等学校学習指導要領」において教科「福祉」が創設されたことは，広義には国民的教養としての「人権尊重」「思いやりやいたわりの心」「共生社会の実現」などの現代社会にとって不可欠な人間観，福祉観の形成を促進させ，狭義には専門的介護サービスを中心とした福祉サービスの人材育成と人材確保を目指すことに多大に寄与するものである．

　教科「福祉」の創設とともに，2001（平成13）年度から福祉系，教育系大学を中心として高校福祉科の教員養成がスタートしたなかで，高等学校レベルに対応した学習内容や指導方法，教材の研究・開発は急務の課題であり，教育実践を効果的に進めるためのガイドとしてのテキストはこれからさらに拡充される必要がある．

　本書は，このようなニーズに対応するために，教員養成における教科教育法のテキストとして大学での授業ですぐに活用できること，ならびに教育実践をより効果的なものとするための参考書として教育現場で活用できることなどを目指して作成したものであり，以下のいくつかの点をおもな特長としている．

1. 各科目の授業において，教師は生徒に「何を理解させればよいのか」「理解を促進させるためにどんな方法・教材を用いたらよいのか」「授業の効果をどのような視点で評価すればよいのか」について詳しく解説した．
2. 大学での授業において，学生に特に強調しておくべき事項を「Point」として整理した．
3. どの科目においても，実際の授業場面をイメージしながら学習が進められるように，学習指導計画の様式を統一するとともに，より具体的な記述を心がけた．
4. 各講でとりあげた授業案は，各科目で基礎的かつ重要な内容にしたため，例示をそのまま模擬授業として試みることや，それを参考にして独自の授業案を作成することができるようにした．

　本書の作成にあたっては，大学の専門教育において活躍されている先生方の協力をいただき，それぞれの専門領域と各科目内容との対応をはかり執筆分担を行っており，それぞれの科目における教育方法に関して基礎的かつ重要な事項がわかりやすく解説されている．
　本書が，教科「福祉」の総合的な理解に貢献し，かつ教員養成の場における実践力の獲得に向けた一助となれば幸いである．
　最後に，本書の出版にあたりお世話いただいた三和書籍の畑山大輔氏に心からお礼を申し上げたい．

2004年3月

編者　桐原宏行

目 次

まえがき ……………………………………………………………………… 3

第1講　教科「福祉」の創設とその意義 …………………………………… 9
　Ⅰ. 教科「福祉」創設の経緯 ………………………………………………… 9
　Ⅱ. 教科「福祉」の教育的意義 ……………………………………………… 17

第2講　教科「福祉」の教育目標と教育課程の編成 ……………………… 19
　Ⅰ. 教科「福祉」の目標と科目構成 ………………………………………… 19
　Ⅱ. 教育課程の編成 …………………………………………………………… 23
　Ⅲ. 学習指導計画の作成 ……………………………………………………… 36

第3講　教科「福祉」における教育評価 …………………………………… 41
　Ⅰ. 教育評価の意義と目的 …………………………………………………… 41
　Ⅱ. 教育評価の視点 …………………………………………………………… 44
　Ⅲ. 教育評価の方法 …………………………………………………………… 48
　Ⅳ. 教科「福祉」における評価のポイント ………………………………… 53
　Ⅴ. 評価の時期について ……………………………………………………… 59

第4講　「社会福祉基礎」の教育法 ………………………………………… 61
　Ⅰ. 「社会福祉基礎」の目標と内容 ………………………………………… 61
　Ⅱ. 「社会福祉基礎」の教材研究 …………………………………………… 69
　Ⅲ. 「社会福祉基礎」の学習指導計画と評価の視点 ……………………… 74

第5講　「社会福祉制度」の教育法 …………………………… 85
　Ⅰ.「社会福祉制度」の目標と内容 ………………………… 85
　Ⅱ.「社会福祉制度」の教材研究 …………………………… 94
　Ⅲ.「社会福祉制度」の学習指導計画と評価の視点 ……… 98

第6講　「社会福祉援助技術」の教育法 ……………………… 105
　Ⅰ.「社会福祉援助技術」の目標と内容 …………………… 105
　Ⅱ.「社会福祉援助技術」の教材研究 ……………………… 112
　Ⅲ.「社会福祉援助技術」の学習指導計画と評価の視点 … 118

第7講　「基礎介護」の教育法 ………………………………… 125
　Ⅰ.「基礎介護」の目標と内容 ……………………………… 125
　Ⅱ.「基礎介護」の教材研究 ………………………………… 127
　Ⅲ.「基礎介護」の学習指導計画と評価の視点 …………… 142

第8講　「社会福祉実習」の教育法 …………………………… 151
　Ⅰ.「社会福祉実習」の目標と内容 ………………………… 151
　Ⅱ.「社会福祉実習」の教材研究 …………………………… 154
　Ⅲ.「社会福祉実習」の学習指導計画と評価の視点 ……… 167

第9講 「社会福祉演習」の教育法 …………………………………… *177*
　Ⅰ.「社会福祉演習」の目標と内容 ……………………………… *177*
　Ⅱ.「社会福祉演習」の教材研究 ………………………………… *188*
　Ⅲ.「社会福祉演習」の学習指導計画と評価の視点 …………… *194*

第10講 「福祉情報処理」の教育法 …………………………………… *203*
　Ⅰ.「福祉情報処理」の目標と内容 ……………………………… *203*
　Ⅱ.「福祉情報処理」の教材研究 ………………………………… *205*
　Ⅲ.「福祉情報処理」の学習指導計画と評価の視点 …………… *224*

索引 ……………………………………………………………………… *230*

第 1 講
教科「福祉」の創設とその意義

Ⅰ. 教科「福祉」創設の経緯

1. 教科「福祉」創設の社会背景

　戦後の著しい経済成長により急激に生活水準は向上し，めざましい医療技術の進歩，健康増進のための国家的取り組みによって，今やわが国の平均寿命は世界的にみても最高水準に達している．総人口に占める65歳以上の高齢者人口（高齢化率）の推移をみると，昭和25（1950）年には5％にも満たなかったが，昭和45（1970）年に7％を超え「高齢化社会」を迎え，平成6（1994）年には14％を超えて「高齢社会」に突入し，現在では18.5％となっている．今後もさらに高齢化は進展し続け，平成27（2015）年には高齢化率が26.0％に達し，国民の約4人に1人が65歳以上の高齢者という本格的な高齢社会の到来が予測されている．少子高齢化は家族形態にも多大な影響を及ぼしており，高齢者世帯が増加する中，家族と同居する高齢者の割合は減少し，高齢夫婦のみの世帯，あるいは一人暮らし世帯が増加している．そのような状況において，健康上の問題で，日常生活の動作，外出，家事，運動等に影響のある者の割合も増加し，要介護者（洗面・歯磨き，着替え，食事，排泄，入浴，歩行のいずれかで何らかの介護が必要になる者）の割合についても年齢が上がるにつれ大きく上

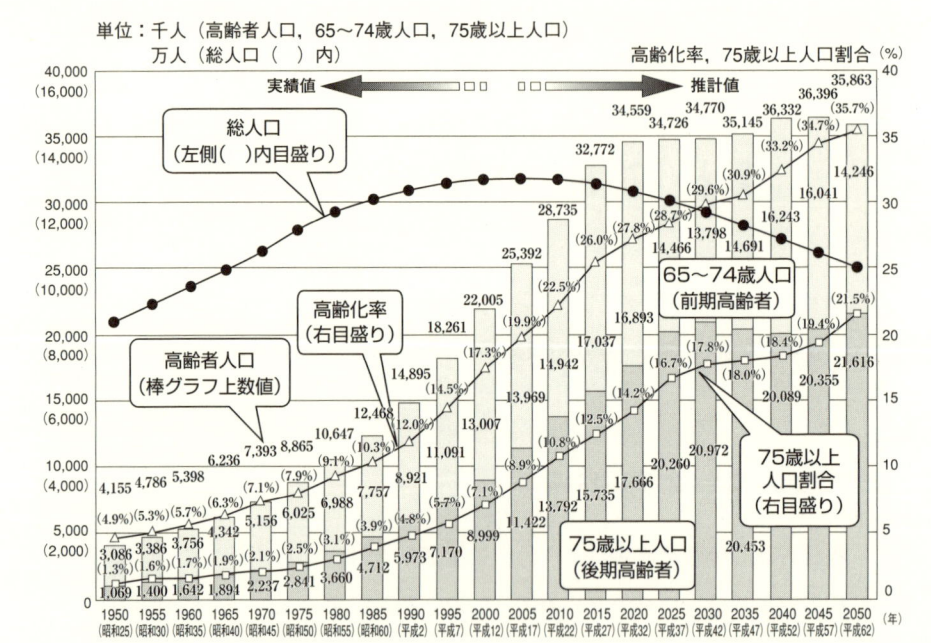

図1-1 高齢化の推移と将来設計　（出典：高齢社会白書（平成15年版））

資料：2000年までは総務省「国勢調査」，2005年以降は国立社会保障・人口問題研究所「日本の将来推計人口（平成14年1月推計）」
（注）1955年の沖縄は70歳以上人口23,328人を前後の年次の70歳以上人口に占める75歳以上人口の割合いを元に70～74歳以上に按分した．

昇する傾向にあり，今後の後期高齢者（75歳以上）人口の増加にともない，ますますそのニーズも高くなることが予想される．

このような社会の変化に対応していくために，平成元年に「高齢者保健福祉推進十カ年計画（ゴールドプラン）」が策定され，生活拠点である市町村において，在宅福祉サービスと施設福祉サービスを保健医療サービス等の関連サービスと連携させながら，地域福祉の体制づくりがすすめられることになったが，その推進過程で急務の課題となったのが社会福祉専門従事者の確保であった．このため，平成4年には「人材確保法」が制定され，人材確保のための従事者の処遇の改善，資質の向上等を図るための基

図1-2　一般世帯総数，家族類型別高齢世帯数の推移
（出典：高齢社会白書（平成15年版））

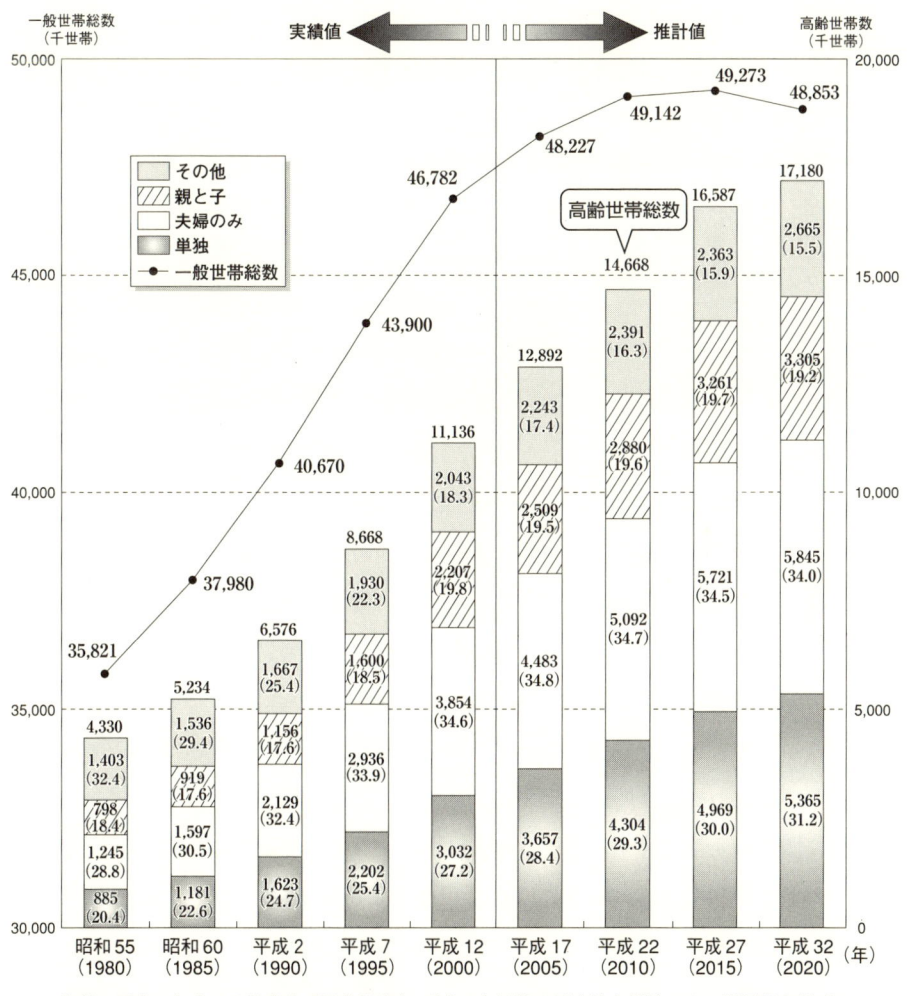

資料：平成12年までは総務省「国勢調査」，平成17年以降は国立社会保障・人口問題研究所「日本の世帯数の将来推計（平成10年10月推計）」
（注1）高齢世帯とは，世帯主の年齢が65歳以上の一般世帯
（注2）（　）内の数字は，高齢世帯総数に占める割合（%）

第1講　教科「福祉」の創設とその意義

本方針の策定や福祉人材センター，福利厚生センターの法的位置づけなども行われている．ゴールドプランはさらに平成7年度から新ゴールドプラン，平成12年度からゴールドプラン21と，高齢者介護ニーズの高まりとともに介護サービス基盤の整備，介護予防，生活支援等のサービス水準を引き上げながら施策が展開されており，このプロセスでも専門的マンパワーの量・質の拡充は常に重要な課題となっている．

また，福祉マンパワーの確保は，高齢者福祉の分野のみならず障害者福祉の分野でも平成5（1993）年に策定された障害者基本法に基づく法定計画である「障害者対策に関する新長期計画」及びそれを具体化させるための障害者プラン，さらには平成15（2003）年からの「障害者基本計画」（平成15年度〜24年度）においても，障害者の地域生活のための相談・支援及び介護を担う専門職の充足は重要な課題のひとつとなっている．

これらの福祉分野での専門的マンパワーの確保に際しては，介護問題をはじめとした多様な福祉ニーズへの専門的対応が必要になったこと，国際的にみて他の先進国と比べて福祉専門職の養成が遅れていること，今後の役割が一層大きくなる民間サービスの質を維持することなどの問題に対応していくために，専門的知識・技術をもって相談や指導に当たる人材や介護に関する人材に対する専門性の裏付けともなる資格制度の確立が不可欠になり，昭和62（1986）年に「社会福祉士及び介護福祉士法」，また，平成9（1997）年に「精神保健福祉士法」が制定された．これらの福祉専門職の中核的役割を担う国家資格の創設は，専門職養成のための施設の整備，そしてその教育内容，方法の充実にも直結している．

Point

☞ 教科「福祉」創設の社会背景には，多様な福祉問題を支え，解決していくためのマンパワーの量・質を充実させる必要があった．

2. 教科「福祉」創設までの諸審議会における検討の経過

　1999年（平成11年）に告示された新高等学校学習指導要領に教科「福祉」が位置づけられ，現在，平成15年度から学年進行で適用されている．ここでは，教科「福祉」が創設されるまでの経過を各審議会答申の流れを通して理解していく．まず，今回の高等学校学習指導要領の改訂は，わが国の社会状況が大きく変化してきているなか，これからの先行き不透明な時代に対応していくための教育のあり方を重要課題としてとらえた1996年（平成8年）の中央教育審議会の第1次答申「21世紀を展望した我が国の教育の在り方について」における提言が基礎となっている．中央教育審議会（中教審）は，文部科学大臣の諮問に応じて，「教育，学術または文化に関する基本的な重要施策について調査審議し，文部科学大臣に建議する」文部科学省における中核的諮問機関であり，ここでの答申が教育課程審議会（教課審）での審議を経て，各学校が教育課程を編成し実施する際の国が定める基準である学習指導要領の改訂につながるものである．中教審第1次答申では，「生きる力」の育成とその実現のための「ゆとり」のある教育環境における教育活動を展開していくために，以下の教育課程編成における改訂点を指摘している．

・教育内容の厳選と基礎の徹底
・一人ひとりの個性を生かすための教育の推進
・豊かな人間性とたくましい体をはぐくむための教育の改善
・横断的，総合的指導の推進のための「総合的な学習の時間」の設置
・完全学校週5日制の導入

　さらに，翌年の第2次答申では，これまでの形式的な平等重視の考え方から個性の尊重への転換を目指すため，それぞれの能力・個性に応じた教育のあり方について，中高一貫教育の選択的導入や教育上の例外措置（高

等学校2年修了後の大学入学)などの改善とともに,思いやりや社会性,倫理観,正義感等の豊かな人間性や伝統・文化の尊重など時代を超えて変わらない価値のあるもの(「不易」)を重視し,高齢社会に対応した人間性を育てることの必要性を提言している.この中教審答申を踏まえ,1996年(平成8年)に教育課程審議会に対して「幼稚園,中学校,高等学校,盲学校,聾学校及び高等学校の教育課程の基準について」諮問が行われた.教育課程審議会には諮問に応じて「教育課程に関する事項を調査審議し,大臣に建議する役割」があり,ここでの答申の趣旨に基づき,学習指導要領作成協力者会議が設けられ改訂作業が行われる.1998年(平成10年)の答申では,教育改革の基本的方向性については中教審答申を

表1-1 教科「福祉」創設までの関係審議会答申等の流れ

答申年	内容	審議会等
1985 (昭和60)年	「高等学校における今後の職業教育の在り方について」	理科教育及び産業教育審議会
1987 (昭和62)年	「社会福祉士法及び介護福祉士法」の制定	
1996 (平成8)年	「21世紀を展望した我が国の在り方について」(第1次答申)	中央教育審議会
1997 (平成9)年	「21世紀を展望した我が国の在り方について」(第2次答申)	中央教育審議会
1998 (平成10)年	「今後の専門高校における教育の在り方等について」	理科教育及び産業教育審議会
1998 (平成10)年	「幼稚園、小学校、中学校、高等学校、盲学校、聾学校及び養護学校の教育課程の基準の改善について」	教育課程審議会
1999 (平成11)年	「新高等学校学習指導要領」の告示(教科「福祉」の創設)	

引き継いだ形となっており，高等学校段階の役割を「義務教育の基礎に立って，自らの在り方生き方を考えさせ，将来の進路を選択する能力や態度を育成するとともに，社会についての認識を深め，興味・関心等に応じ将来の学問や職業の専門分野の基礎・基本の学習によって，個性の一層の伸長と自立を図る」こととして，高等学校における各教科，科目の編成について示すなかで，職業に関する教科として「福祉」の新設を提言している．

また，中教審答申は専門高校の教育内容の改善に向けて，1997年（平成9年）に「今後の専門教育の在り方について」理科教育及び産業教育審議会（理産審）への諮問へと引き継がれることにもなった．理産審では1985年（昭和60年）の答申「高等学校における今後の職業教育の在り方について」において，すでに「電子機械科」「国際経済科」「農業経済科」等とともに職業教育のひとつとして「福祉科」設置の必要性が提言されていた．この答申を受けて行われた調査（昭和62年）において，今後の高齢者介護需要に対応するために，高校レベルでの専門知識・技術を習得した人材供給の見込みと社会福祉施設従事者の多くが高等学校卒業者で占められている現実が示され，「福祉科」設置の必要性の根拠や教育内容が具体化された．そして，1997年の諮問に対する1998年（平成10年）の答申では，今後の専門高校の教育は社会の大きな変化において生徒の興味・関心・能力・適性等が多様化するなか，以下の視点による教育を実施すべきであることを提言している．

・教育内容を厳選し，専門性の基礎・基本をしっかり身につけさせる
・社会の変化や産業動向等に適切に対応した教育の展開として教科「情報」「福祉」を創設する
・生徒の多様な実態に対応して学習の場をできる限り拡大し特色ある学校づくりを行う
・地域や産業界とのパートナーシップを確立する

・各学校の創意工夫を生かした教育を展開する
・専門高校卒業後の継続教育機関における専門能力向上のための連携を図る

この答申を踏まえつつ，教課審における答申が行われている．

> **Point**
> ☞ 教科「福祉」は中央教育審議会，理科教育及び産業教育審議会，教育課程審議会等での検討を踏まえて学習指導要領に新しく位置づけられた．

Ⅱ. 教科「福祉」の教育的意義

　教科「福祉」の創設は，先にも述べたように，高齢者や障害者に対するきめ細かな介護サービスの提供が社会的ニーズとして存在し，それに対応できる専門的な知識・技術を備えた人材の育成と確保が不可欠となったことが第一の理由である．したがって，設置された7科目（社会福祉基礎，社会福祉制度，社会福祉援助技術，基礎介護，社会福祉実習，社会福祉演習，福祉情報処理）は，介護福祉士国家試験受験資格の取得や訪問介護員（ホームヘルパー）養成研修事業における習得内容と関連深い構成となっており，これらの科目の履修により，実践力を身につけた専門的職業人を養成していくことを目指した職業教育としての役割を有している．

　また，第二の意義は専門的人材の養成を目指すための科目構成であるにもかかわらず教科名が「社会福祉」ではなく，広義の概念である「福祉」とした点にある．つまり，福祉サービスを必要としている人々の生活問題について考えていくことなどを通して，「QOL（生活の質）を保障することとは」「自立生活とは何か，またその支援はいかにあるべきか」を考え，さらには「ともに支え合い共生すること」「人権尊重」「思いやりやいたわりの心」などの現代社会にとって不可欠な人間観，福祉観を形成し国民的教養を高める役割もある．

　このような意義を踏まえて，福祉に関する学科だけではなく，普通科においても地域や学校の実態，生徒の特性，進路等を考慮して教科「福祉」を取り入れた教育課程の編成も可能となる．ただし，編成にあたっては，専門的知識と技術の習得を目指す場合と科目を選択して履修させる場合が考えられようが，いずれの場合であっても生徒が発展的，系統的に履修できるよう配慮しなければならない．

一方，福祉に関する学科においては，社会福祉の専門従事者を養成するとともに，福祉的教養を身につけつつ，さらに将来的なスペシャリストを目指した多様な進路選択を視野に入れた基礎的教育を行うことも重要になる．

> **― Point ―**
> ☞ 教科「福祉」には福祉の専門職を養成するため，ならびに福祉に関する国民的教養を高めるための役割がある．

【引用・参考文献】
[1] 厚生統計協会『国民の福祉の動向』（廣済堂，2002年）
[2] 内閣府編『平成15年版高齢社会白書』（ぎょうせい，2003年）
[3] 内閣府編『平成15年版障害者白書』（国立印刷局，2003年）
[4] 矢幅清司，細江容子編著『改訂高等学校学習指導要領の展開「福祉」編』（明治図書，2000年）

第2講
教科「福祉」の教育目標と教育課程の編成

I. 教科「福祉」の目標と科目構成

　新高等学校学習指導要領では，教科「福祉」の目標を次のように示している．

> 社会福祉に関する基礎的，基本的な知識と技術を総合的，体験的に習得させ，社会福祉の理念と意義を理解させるとともに，社会福祉に関する諸課題を主体的に解決し，社会福祉の増進に寄与する創造的な能力と実践的な態度を育てる．

　この目標は，以下の3要素を包括的に示したものである
①社会福祉に関する基礎的・基本的知識を総合的・体験的に習得する
②社会福祉の理念と意義を理解する
③社会福祉の諸課題に主体的に取り組み解決していくことで社会福祉の
　増進のための創造的能力と実践的態度を身につける

　①「社会福祉に関する基礎的・基本的知識を総合的・体験的に習得する」については，高等学校における福祉教育では，基礎的，基本的内容を断片的な取り扱いにならないよう社会福祉の全体像を総合的に学んでいくことに重点を置きつつ，卒業後の進路において専門職を希望する生徒，あるい

は上級学校への進学によってより高い専門性を身につけたいと考える生徒など，多様な生徒の実態に配慮する必要がある．また，社会福祉への興味，関心，学習意欲を向上させつつ実践力を高めるために，現場見学，実験・実習，調査，日常の実践活動等の学習機会を有効活用することが重要である．

②「社会福祉の理念と意義を理解する」については，「福祉は人なり」の言葉が示すように，知識や技術の習得だけではなく，福祉の仕事に関わる者にとって必要とされる人間観，福祉観，倫理観を養っていくことも重視されねばならない．社会福祉の根底にある考え方，その意味を理解することは専門従事者としての資質の形成にとって不可欠となる．

③「社会福祉の諸課題に主体的に取り組み解決していくことで社会福祉の増進のための創造的能力と実践的態度を身につける」については，実践者の主体的，積極的態度に基づく問題解決のための行動力は，人権，プライバシーを尊重しつつ多様な生活問題を取り扱う社会福祉の実践において必須の能力である．生徒それぞれの興味，関心，適性などには個人差が大きいため，課題研究や事例研究などを通して問題解決能力を向上させていく必要がある．

この教育目標の達成のために，教科「福祉」では，「社会福祉基礎」「社会福祉制度」「社会福祉援助技術」「基礎介護」「社会福祉実習」「社会福祉演習」「社会福祉情報処理」の7科目が設けられている．これらの科目の学習内容や順序性，系統性を示したものが図2-1である．これによると，「社会福祉基礎」は社会福祉に関する基本的な内容を扱うことから，早い段階に履修させることが適当であり，「社会福祉制度」は社会福祉の

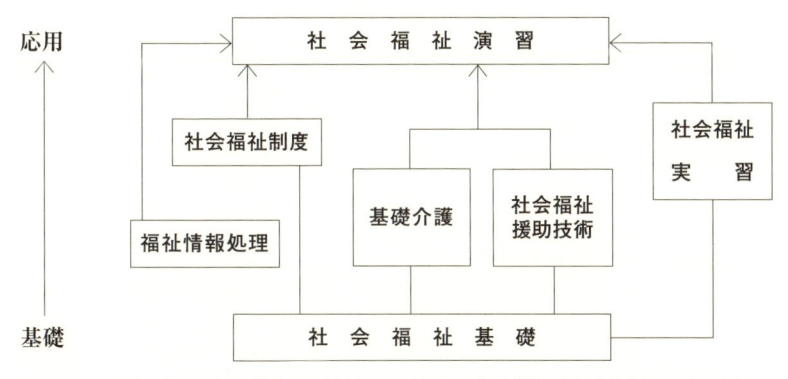

図2-1 教科「福祉」の構成と系統性　　（出典：高校新教育課程編成の手引き）

基礎となる制度や社会保障，社会福祉の分野別理解を深めるものであるため，「社会福祉基礎」の履修後に学習することが適当である．また，「社会福祉援助技術」「基礎介護」は方法，技術の基礎的実践力を学習する機会であるため，実践の場での教育機会である「社会福祉実習」に先行して習得される必要がある．「社会福祉演習」は課題研究や事例研究を通して知識・技術の統合を図るものであるため，総括的位置づけとして取り扱うことが適当である．「福祉情報処理」はコンピュータの基本的操作能力の向上から福祉分野における応用的用途まで範囲は広く，他の科目の学習進度に応じて必要となるスキルや事項が異なることが考えられるため，導入はもちろん早期となるが，取り組みについては継続的に課題に応じた処理能力の向上が図られることになる．

　それぞれの科目の目標，内容等の概略については表2-1に示す．なお，各科目の配当時間例，教育内容，教育方法等の詳細に関しては第4講～第10講において解説する．

表2-1 教科「福祉」の各科目の目標と内容

科目	目標	内容
社会福祉基礎	社会福祉に関する基礎的な知識を習得させ,現代社会における社会福祉の意義や役割を理解させるとともに,社会福祉の向上を図る能力と態度を育てる.	1.現代社会と社会福祉 2.社会福祉の理念と意義 3.社会福祉の歴史 4.社会福祉分野の現状と課題 5.社会福祉の担い手と福祉社会への展望
社会福祉制度	社会福祉の法制度,社会福祉施設,社会福祉サービスなどに関する知識を習得させ,社会福祉の現状を理解させるとともに,社会福祉サービスの向上を図る能力と態度を育てる.	1.社会福祉の法と制度 2.高齢者・障害者の福祉 3.児童家庭福祉 4.社会福祉関連施策 5.社会福祉施設
社会福祉援助技術	対人援助に関する知識と技術を習得させ,社会福祉援助活動に活用する能力と態度を育てる.	1.社会福祉援助活動の意義と方法 2.社会福祉援助技術の方法と実際 3.レクリエーションの考え方と展開 4.コミュニケーションの技法
基礎介護	介護の意義及び高齢者と障害者における介護の役割を理解させ,介護に関する基礎的な知識と技術を習得させるとともに,介護を適切に行う能力と態度を育てる.	1.介護の意義と役割 2.高齢者の生活と心身の特徴 3.障害者の生活と心理 4.自立生活支援と介護 5.地域生活を支えるシステム
社会福祉実習	介護等に関する体験的な学習を通して,総合的な知識と技術を習得させ,社会福祉の向上を図る実践的な能力と態度を育てる.	1.介護技術の基本と実際 2.高齢者と障害者の介護 3.社会福祉現場実習
社会福祉演習	課題研究や事例研究などの学習を通して,専門的な知識と技術の深化,統合化を図るとともに,問題解決の能力や自発的,創造的な学習態度を育てる.	1.調査,研究 2.事例研究 3.ケアプラン
福祉情報処理	社会における情報化の進展と情報の意義や役割を理解させるとともに,情報処理に関する知識と技術を習得させ,福祉の各分野で情報及び情報手段を活用する能力と態度を育てる.	1.高度情報通信社会と福祉サービス 2.コンピュータの仕組みと活用 3.福祉サービスとコンピュータの活用

Ⅱ. 教育課程の編成

1. 教育課程の編成手続き

　教育課程とは，学校教育の目的や目標を達成するために教育内容を児童・生徒の心身の発達に応じ，授業時数との関連において総合的に組織した学校の教育の全体計画であり，各学校において立案されるものである．図2-2には教育課程の編成の手続きの流れの概略を示す．

　編成にあたっては，まず校長の責任のもと委員会（「教育課程検討委員会」等）が設置される．そこで現行の教育課程が学校のおかれた実状にあったものであるかどうか，生徒，保護者，地域等のニーズを踏まえて評価が行われ，その評価をもとに教育目標や重点指導目標が検討され，さらには，教育課程編成の大綱的基準を示した学習指導要領及び各都道府県教育委員会の示す編成基準等に則って各校の教育課程編成の基本方針が設定される．この基本方針のもとで教育内容（共通必履修教科・科目，選択必履修教科・科目，自由選択教科・科目など必要な各教科・科目及びその単位数等），履修形態（単位制，コース制，類型，系列，定時制，総合選択制等），指導形態（個別学習，グループ学習，習熟度別学習指導，ティームティーチング等），授業時数（1単位時間の設定，集中授業等），卒業・進級に必要な各教科・科目の単位数，教育者（人材）の開発，「総合的な学習の時間」や「学校設定教科・科目」などの独自性の強い新教科・科目の研究・開発などが検討され，最終的に教職員全体ならびに関係者間で協議，調整が行われ決定される．

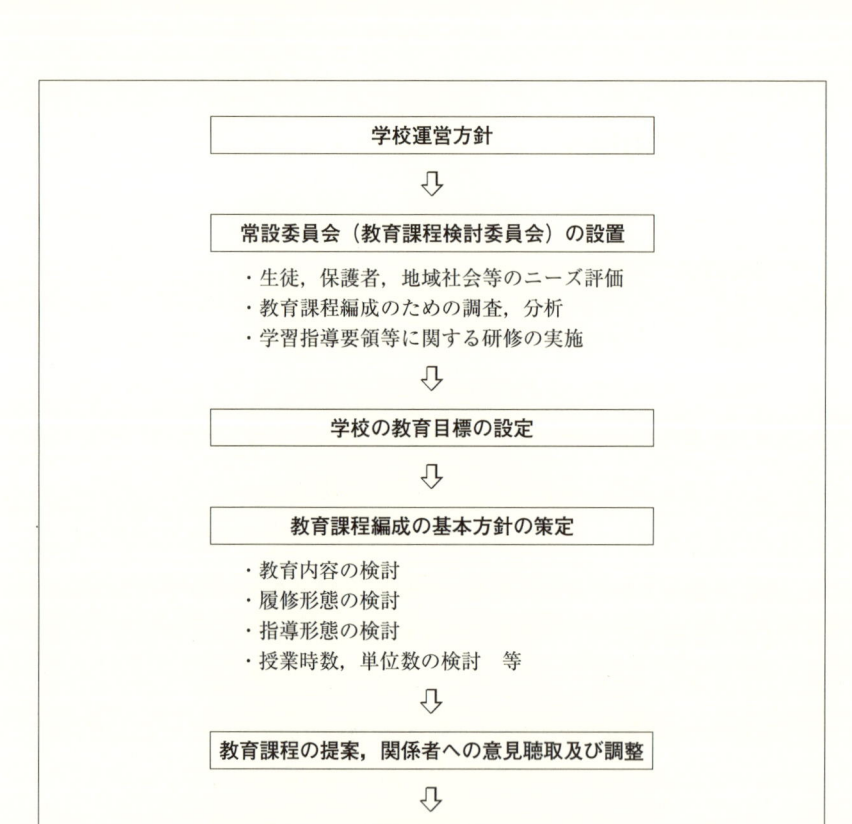

```
┌─────────────────────────────────────────┐
│            学校運営方針                  │
└─────────────────────────────────────────┘
                   ⇩
┌─────────────────────────────────────────┐
│  常設委員会（教育課程検討委員会）の設置  │
└─────────────────────────────────────────┘
      ・生徒，保護者，地域社会等のニーズ評価
      ・教育課程編成のための調査，分析
      ・学習指導要領等に関する研修の実施
                   ⇩
┌─────────────────────────────────────────┐
│         学校の教育目標の設定             │
└─────────────────────────────────────────┘
                   ⇩
┌─────────────────────────────────────────┐
│     教育課程編成の基本方針の策定         │
└─────────────────────────────────────────┘
      ・教育内容の検討
      ・履修形態の検討
      ・指導形態の検討
      ・授業時数，単位数の検討　等
                   ⇩
┌─────────────────────────────────────────┐
│  教育課程の提案，関係者への意見聴取及び調整 │
└─────────────────────────────────────────┘
                   ⇩
┌─────────────────────────────────────────┐
│          新教育課程の決定                │
└─────────────────────────────────────────┘
```

図2-2　教育課程編成の流れ

2. 教育課程編成時の配慮事項

　今回の高等学校学習指導要領の改訂では，各学校が教育課程を編成，実施していく上での配慮すべき事項として主に以下の点が示されている．

(1) 選択履修の趣旨を生かした適切な教育課程の編成

　多様な各教科・科目を設け，生徒の特性や進路に応じた適切な各教科・

科目が選択履修できるようにする．また，教育課程の類型を設け，そこでも生徒が自由に選択できる科目を設けることとしている．

(2) 各教科・科目等の内容の取り扱い
　①学習指導要領に示す各教科・科目，特別活動の目標や趣旨を逸脱したり，生徒の負担が過重にならない範囲で，学習指導要領に示していない事項を加えて指導することもできる．
　②学習指導要領における各教科・科目，特別活動の内容に掲げる事項の順序は指導の順序を示すものではなく，取り扱いについては各学校で適切な工夫を加えること．
　③各教科・科目の内容に関する事項について，基礎的，基本的事項に重点を置くなど，その内容を適切に選択して指導できる．

(3) 指導計画の作成にあたって配慮すべき事項
　①各教科・科目について相互の連携を図り，発展的，系統的指導ができるようにすること．
　②各教科・科目の指導内容については，各事項のまとめ方や重点の置き方に工夫を加えて，効果的な指導ができるようにすること．

(4) 職業教育に関して配慮すべき事項
　①普通科では必要に応じて適切な職業に関する各教科・科目の履修機会の確保に配慮する．
　②職業を主とする学科については次の点に配慮する．
　(a) 職業の各教科・科目では，実験・実習に配当する授業時数を十分確保する．
　(b) 生徒の実態に応じて，職業の各教科・科目の履修を容易にするた

めに，各分野の基礎的または中核的科目を重点的に指導することができる．
(c) 就業体験の機会の確保について配慮する．
(d) 職業に関する各教科・科目では次の事項に配慮する．
・職業の各教科・科目では，その内容に直接関係があり，その一部としてあらかじめ計画されている場合，就業体験をもって実習に替えることができる．
・定時制・通信制課程では，実務をもって職業の各教科・科目の履修の一部に替えることができる．

(5) 教育課程の実施等にあたって配慮すべき事項

学校生活における言語環境の整備，ガイダンス機能の充実，生活指導の充実，計画的・組織的進路指導の実施，各教科・科目の指導における教師間連携などの指導体制の確立と指導方法の工夫による個に応じた指導の充実，学習の遅れがちな生徒や障害のある生徒に応じた指導の工夫，海外からの帰国生徒への適応指導の配慮，視聴覚教材・教育機器などの教材・教具の活用，学校図書館の計画的利用，指導についての適切な評価の実施と指導の改善，地域連携，他校・特殊教育諸学校との交流など教育課程の実施にあたっては，多くの事項に留意しなければならない．

これらの教育課程を編成，実施する上で配慮すべき事項に留意しつつ，各学校は生徒の特性や進路を十分に踏まえ，多様な教育環境を整備していくことが必要になる．職業教育に関しては，さらに，就業体験などのより実践的取り組みを重視しつつ，知識，技術，職業観などを体得していくなかで，進路決定させていくことが重要になる．

3. 教育課程編成の基準

新高等学校学習指導要領における教育課程編成上の基準の主なものについて以下に示す．

(1) 完全学校週5日制における卒業に必要な修得総単位数は74単位以上とする．(「単位」については1単位時間を50分とし，35単位時間の授業を1単位とすることを標準としている．)

(2) 全日制の課程における各教科・科目及びホームルーム活動の授業は年間35週行い，週あたりの標準時数は30単位時間を標準とする．

(3) 専門教育を主とする学科での専門教科・科目の必履修単位数は25単位を下らないこととする．(商業に関する学科以外の専門教育を主とする学科においては，普通教育に関する各教科・科目の履修により，専門教育に関する各教科・科目の履修と同様の成果が期待できる場合はその単位を5単位まで含めることができる．)

(4) 「総合的な学習の時間」の授業時数は105～210単位時間を標準とする．(職業教育を主とする学科においては「課題研究」「看護臨床実習」「社会福祉演習」等の履修により代替できる．)

(5) 学校において各教科・科目等の授業時数を確保しつつ，生徒の実態や各教科・科目の特質を考慮して授業における1単位時間を弾力的に取り扱うことができる．

(6) 外国語を必履修教科(すべての生徒に履修させる教科・科目)に加え，新たに普通科に教科「情報」を設け必履修とする．(教科「情報」は各専門教科の情報関連科目により代替できる．)

(7) 地域，学校及び生徒の実態，学科の特色等に応じて，学校設定教科・科目を設置することができる．

(8) 総合学科(普通科と職業学科を統合した学科)の教育課程では「産

業と人間」を入学年次の原則履修科目（2～4単位）とする．

4. 福祉に関する学科における教育課程の特徴と編成上の配慮事項

　福祉に関する学科では学習指導要領の「職業教育に関して配慮すべき事項」を踏まえて，職業意識を高め，生徒の興味・関心に対応していくこと及び専門性の基礎，基本の上に資格取得も視野に入れた，さらに専門的な知識・技術の獲得を念頭に置きつつ教育課程を編成する必要がある．具体的には，
　　◎介護福祉士国家試験の受験資格や訪問介護員（ホームヘルパー）等の
　　　資格取得を中心にした学科
　　◎社会福祉，保育，看護等の上級学校への進学を目指しつつ生徒の状況
　　　に応じて社会福祉全般について学習する学科
などのタイプの異なる学科に応じた編成が考えられよう．また，いずれのタイプの学科であっても福祉に関する学科では現場実習や就業体験などの実践機会は十分に確保されなければならない．そのためには，地域の社会資源（地域の小中学校，特殊教育諸学校，福祉関連機関，医療・保健機関等）との連携，調整は不可欠となる．
　これらの福祉に関する学科の教育課程の編成においては，学習指導要領に定める以下の点に留意する必要がある．

(1) 福祉に関する学科における原則履修科目

　福祉に関する学科では，「社会福祉基礎」及び「社会福祉演習」の2科目を原則としてすべての生徒に履修させることとしている．「社会福祉基礎」については，社会福祉の学習を進めていく上で基礎的事項の習得と社会福祉の向上を図る態度を養うための科目であるため，早い段階（1年次）

での履修が適当であり，「社会福祉演習」に関しては，課題研究や事例研究などの学習により，専門的な知識・技術をより深め，統合していく応用的学習であり，生徒の興味・関心，進路希望等も考慮して設置される科目であるため，他の福祉に関する科目の基礎的内容を習得していることが前提となり，2年次あるいは3年次での履修が適当である．

(2) 実験・実習の授業時数と配慮すべき事項

　専門教育において，実験・実習はそれまでに習得してきた知識・技術を活用しつつ問題解決を図っていく実践力の養成機会であり，生徒の学習意欲を向上させるばかりでなく，適切な職業観を形成することにも大きく寄与するものである．福祉に関する学科では，実験・実習を重視することとしており，福祉に関する科目に配当する授業時数の10分の5以上を配当することとしている．ここで配当する授業時数とは「実習」の単位数の時数だけではなく，専門科目の授業で取り扱う調査や研究，観察などの内容も含まれる．

　また，実験・実習の授業では以下の点について十分配慮することが必要になる．

① 実験・実習を行う際には，安全面・衛生面の管理に配慮する．特に，福祉機器等の取り扱いや介護場面等での事故防止のための事前・事後指導を徹底する．

② 「社会福祉実習」や「社会福祉演習」におけるケアプランの作成や事例研究等，個人情報を取り扱う際にはプライバシーの保護に十分注意する．

③ 「社会福祉現場実習」では高齢者の施設に偏ることなく，障害者施設をはじめできるだけ多様な実践の場での実習が行われるよう配慮する．（「社会福祉実習」における社会福祉現場実習では介護福祉士国家試験の受験資格要件で実務経験3年の施設従事者と同等の位置づけに

なっているため，相当程度の実習を行う必要がある．一般的には，2年次，3年次の2年にわたり各2～3週間，合計4～6週間程度の現場実習が行われている．）

(3) 地域・関係機関との連携と就業体験の促進

就業体験は，実践上の知識・技術を直接体験することで，学校内での教育活動を補完し，より高い教育効果を生む機会になっている．就業体験を計画的に実施することで職業適性を検討したり，後の職業選択を円滑にするなどの専門教育における教育的意義は多大である．就業体験を積極的に活用するためには，地域，福祉施設をはじめとする福祉関係の社会資源との連携は不可欠なものとなる．さらには，実践力をより高めるための方法として，社会人講師の積極的活用も有効になる．

(4) 教科・科目の代替

専門教育に関する各教科・科目の履修によって，必履修各教科・科目の履修と同様の成果が期待できる場合には，専門教育に関する各教科・科目を履修することで，必履修教科・科目の履修の一部または全部に代替できることとなっている．具体的には，「福祉情報処理」の履修をもって「情報」の科目の履修に代替することが可能であったり，介護福祉士国家試験の受験資格取得が可能となる教育課程を編成している学科では，専門科目の単位数が多くなるため「保健」については，教科「看護」の2科目（「看護基礎医学」「基礎看護」）をもって代替することが可能になる．ただし代替する場合には，専門科目と必履修科目のそれぞれの目標，内容，代替の範囲などの十分な検討が必要になる．また，福祉に関する学科においては，「社会福祉演習」と「総合的な学習の時間」の目標に重複する部分が多いため相互の代替が可能である．

5. 福祉関連資格の取得

 教科「福祉」においては，教育課程審議会及び理科教育及び産業教育審議会における答申等を踏まえて，専門職養成のための教育機能も有している．具体的には，福祉に関する学科において，介護福祉士国家試験受験資格及び訪問介護員（ホームヘルパー）資格の取得ができるよう配慮されている．これらの福祉関連資格の取得は生徒の学習意欲を向上させるのみならず，実践力の養成にも多大に寄与するものであり，積極的に取り入れられることが望ましい．

(1) 介護福祉士国家試験受験資格

 介護福祉士は「社会福祉士及び介護福祉士法」に位置づけられた国家資格であり，「専門的知識及び技術をもって身体上もしくは精神上の障害があることにより日常生活を営むのに支障がある人の入浴，排泄，食事その他の介護を行い，本人や介護者に対して介護に関する指導を行うこと」を職務としている．資格取得方法は，図2-3に示すように多くのルートが存在し，そのひとつに高等学校での専門教育を経た後，介護福祉士国家試験（筆記試験13科目及び実技試験）に合格することで取得する方法がある．このルートでは，社会福祉士及び介護福祉士法施行規則（第21条）において，その要件として表2-2に示す科目（福祉6科目，家庭1科目，看護1科目の合計8科目）について34単位以上の単位取得（1単位時間を50分，1学年間35単位時間を1単位として計算することが定められている）が義務づけられている．また，教育課程の編成においては，当然，学習の系統性に配慮し基礎的内容の科目から応用的な専門性の高い内容へと学年の進行に合わせて配当される必要がある．

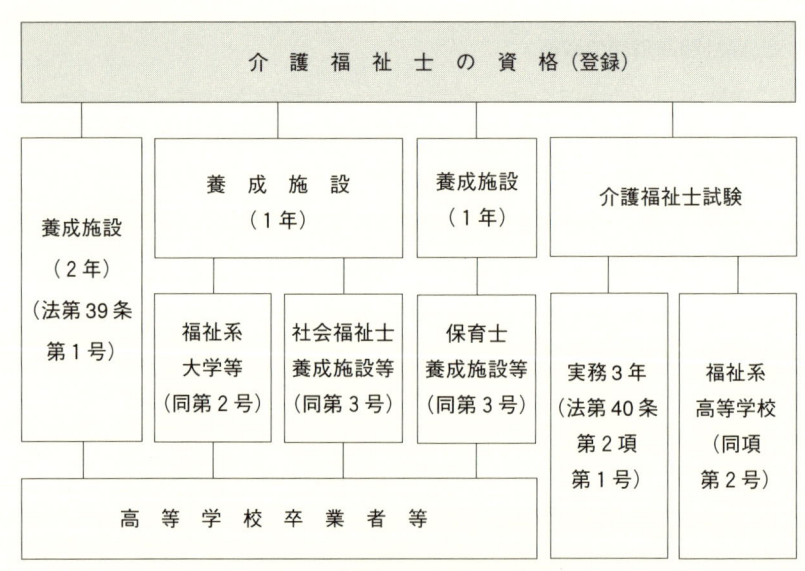

```
                    介 護 福 祉 士 の 資 格（登録）
┌──────┬─────────┬──────┬──────────┐
│養成施設│ 養成施設 │養成施設│ 介護福祉士試験 │
│(2年) │  (1年)  │ (1年)│         │
│(法第39条│福祉系│社会福祉士│保育士  │実務3年 │福祉系│
│ 第1号) │大学等│養成施設等│養成施設等│(法第40条│高等学校│
│     │(同第2号)│(同第3号)│(同第3号)│第2項  │(同項 │
│     │   │    │    │第1号)  │第2号)│
│     └─高 等 学 校 卒 業 者 等─┘       │
```

図2-3　介護福祉士資格取得方法

表2-2　介護福祉士国家試験受験資格取得に必要な教科・科目と教育課程編成例
　　　（平成15年度以降入学生）

教科	科　目	1年	2年	3年	単位数
福祉	社会福祉基礎	4			4
	社会福祉制度		2		2
	基礎介護		3	3	6
	社会福祉援助技術		2	2	4
	社会福祉実習		3	3	6
	社会福祉演習			4	4
	福祉情報処理*	2			2
家庭	家庭総合	4			4
看護	看護基礎医学	2	2		4
	単位数合計	12	12	12	36

*介護福祉士国家試験受験資格取得に必要な科目は「福祉情報処理」（2単位）を除く8科目34単位単位となる．

（出典：高等学校新学習指導要領の解説　専門教育Ⅱ）

(2) 訪問介護員（ホームヘルパー）

　訪問介護員（ホームヘルパー）は，介護を必要とする高齢者や障害者などの家庭を訪問して，身体介護（食事介助，排泄介助，衣服の着脱，入浴介助，体位変換，リハビリ介助，通院やデイサービス等の付き添い等），家事援助（症状に合わせた食事の準備，洗濯，衣類の繕い，掃除，整理整頓，買い物等），相談・助言（生活，介護，住居環境などについての相談，精神的ケア等）を行う専門職であり，一般には，厚生労働省が認定する講習事業者の講習を修了するか，自治体あるいは自治体が委託している機関で行われている養成研修を修了すれば資格（認定資格）を取得することができる．

　研修課程は表2-3に示す1級～3級までの3課程と継続養成研修の計4課程があり，1級課程230時間，2級課程130時間，3級課程50時間とそれぞれのレベルに応じた研修内容と時間数の最低基準が規定されており（表2-4参照），研修では科目，時間ともに省略してはいけないこととされている．なお，介護福祉士は「1級課程研修を修了した訪問介護員」としてみなされる．

　訪問介護員養成研修事業を実施するための教育課程を編成するためには，生徒実態，地域の状況等を総合的に検討して各学校で適切な課程（級）を決定し，各都道府県で示している実施要綱に準拠して，養成する課程の研修内容に該当する科目を教育課程に配当することが必要になる．

表2-3 訪問介護員養成研修の課程

課程	対象者	研修目的	時間
1級課程	2級課程修了者	2級課程での知識・技術をさらに深め，チーム運営方式の主任訪問介護員が行う，業務に関する知識・技術を習得すること．	230
2級課程	訪問介護事業に従事する者又はその予定者	訪問介護員が行う業務に関する基礎的な知識・技術を習得すること．　　　　　（基本研修）	130
3級研修	勤務時間の少ない非常勤従事者，福祉公社の協力会員等として訪問介護事業に従事する者又は予定者	訪問介護員が行う業務に関するより基礎的な知識・技術を習得すること．　　　　（入門研修）	50
継続養成研修	1級課程修了者	1級課程修了者の資質の維持・向上に必要な知識・技術を習得すること．	設定された時間数

表2-4 訪問介護員養成研修事業の内容

課程		科目内容	時間数
1級課程(230)	講義	・老人保健福祉に係る制度及びサービスに関する講義	10
		・障害者福祉に関する制度及びサービスに関する講義	7
		・社会保障制度に関する講義	3
		・介護技術に関する講義	28
		・主任訪問介護員が行う他の保健医療サービス又は福祉サービスを提供する者との連携等に関する講義	20
		・医学等の関連する領域の基礎的な知識に関する講義	16
	演習	・居宅介護支援に関する演習	6
		・介護技術に関する演習	30
		・処遇が困難な事例に関する演習	20
		・福祉用具の操作法に関する演習	6
	実習	・介護実習	76
		・福祉事務所，保健所等の老人福祉に係る公的機関の見学	8

課程		科目内容	時間数
2級課程（130）	講義	・社会福祉の基本的な理念及び福祉サービスを提供する際の基本的な考え方に関する講義	6
		・老人保健福祉及び障害者福祉に係る制度及びサービス並びに社会保障制度に関する講義	6
		・訪問介護に関する講義	5
		・老人及び障害者の疾病，障害等に関する講義	14
		・介護技術に関する講義	11
		・家事援助の方法に関する講義	4
		・相談援助に関する講義	4
		・医学等の関連する領域の基礎的な知識に関する講義	8
	演習	・福祉サービスを提供する際の基本的な態度に関する演習	4
		・介護技術に関する演習	30
		・訪問介護計画の作成等に関する演習	5
		・レクリエーションに関する演習	3
	実習	・介護実習	24
		・老人デイサービスセンター等のサービス提供現場の見学	6
3級課程（50）	講義	・福祉サービスを提供する際の基本的な考え方に関する講義	3
		・老人保健福祉及び障害者福祉に係る制度及びサービス並びに社会保障制度に関する講義	4
		・訪問介護に関する講義	3
		・老人及び障害者の疾病，障害等に関する講義	3
		・基礎的な介護技術に関する講義	3
		・家事援助の方法に関する講義	4
		・医学等の関連する領域の基礎的な知識に関する講義	5
	演習	・福祉サービスを提供する際の基本的な態度に関する演習	4
		・基礎的な介護技術に関する演習	10
		・事例の検討等に関する演習	3
	実習	・老人デイサービスセンター等のサービス提供現場の見学	8

Ⅲ. 学習指導計画の作成

1. 年間指導計画の作成

　学校の教育活動における教科指導は，学習指導要領によって規定されている教科・科目の目標，内容を達成させるために作成される年間指導計画によって行われる．つまり年間指導計画は，その年度（4月～3月）の1年間の学習指導の実践について，順序性（系統性）や指導方法，指導時間の配当，教材などの具体的な教育の手順を示したものであり，生徒の実態を踏まえて，学習効果を上げるために各学校で作成されるものである．年間指導計画には定型的な様式が存在するわけではないが，作成は一般に次の手順で行われる．

・学習活動内容の体系を構成する一単位であり，一定の教育内容のまとまりである単元や題材を確認する．
・単元や題材の持つ学習内容や学習活動と年間総時数とをみながら各単元や題材の配当時間を決める．
・各単元や題材を1年間のタイムテーブルに位置づける．

　また，年間指導計画の立案にあたっては以下の事項に留意しなければならない．

(1) 生徒の実態把握

　学習効果を上げるためには，生徒の能力，興味，関心，欲求などの状況について前もって適切に把握しておく必要がある．いかに理想的な指導計画を

立案しても，生徒の実態に合致していなければ十分な成果は期待できない．

(2) 各学習領域との関連性

教科内の各科目は相互に関連性の強い内容を取り扱うため，それぞれの学習内容の配分，調整には十分留意しなければならない．ある特定の内容に偏ったり，教師の好みに適合させるようなことは避けねばならない．

(3) 学習内容の順序性と学習速度

それぞれの学習内容の難易度については，易しい内容から難しい内容，高度な内容へと段階的にかつ無理なく配列されるよう工夫しなければならない．また，学習内容と学習の速度（テンポ）は密接に関係している．学習内容の量が多い場合や難しい場合に学習速度が速すぎると理解度が低下し，逆に学習内容の量が少ない場合やあまりにも易しい場合には，生徒の興味，関心を減退させることにもなる．

(4) 教科書との関連

わが国の教科書は，学習指導要領の内容を充足するように構成されているが，あくまでも一般的，標準的基準を示すものである．よって，教科書を十分に活用しながらも生徒の実態に応じて指導内容を調整しつつ教材を選定し計画を立てることも必要になる．

2. 学習指導案の作成

学習指導案（教案・授業案）は，教師が授業を実践するにあたって（年間）指導計画に沿って，事前に授業の過程を具体的に示したものであり，一定の形式が存在するものではない．一般的には，学習指導案では1単位

時間の授業についての指導の計画中心にして，それを包括している単元やその目標，指導の構想や着眼点等が記述される．

具体的に，学習指導案には次の内容を含む．
* いつ（本時の実施年月日・曜日），どこで（実施場所），誰が（指導者氏名），誰に（クラス），何を（単元・題材）指導するのか．
* その単元・題材は，どんなねらい（目標），どんな内容（単元・題材設定の理由，内容分析）で何時間で学習させるか．
* 本時の学習は，その第何時間目で，どのような順序（学習の展開）で行うのか．
* 学習の結果をどのような観点で評価するのか．

学習指導案の作成にあたっては，特に，「本時の授業がどの単元や題材の全体のどこにあたるのかを明確にすること」「教材の構成と生徒への対応を組み合わせて授業の流れを決めること」に留意する必要がある．

また，1単位時間の指導過程においては，生徒の学習活動の流れをつくることに配慮しなければならない．具体的には授業の「導入」（指導時間での学習目標を提示し，既に学習した内容の確認や復習，学習の動機づけを行う段階），「展開」（指導時間における学習活動の中心であり，学習内容の理解を促進させる段階），「まとめ」（指導時間の学習活動における内容の整理を行い，目標達成の程度を教育評価技法を用いて評価する段階）の各段階に応じて，学習形態と学習活動が生徒主体の場となるよう工夫することが重要になる．具体的には，グループ活動，相互学習法，自習法などをどの段階で取り入れるか，また，どの時点で実験や実習等を行い，どのような資料を提示していくかなどの学習効果を高めるための指導の流れを明確にしておかなければならない．さらに，学習内容を理解させるため

(科目名)学習指導案

指導教諭氏名　〇〇〇〇　印
教育実習生氏名　〇〇〇〇　印

指導学級　〇年〇組（生徒数〇〇人）
（男子〇人，女子〇人）

(1) 単元名

(2) 単元の目標

(3) 単元設定の理由

(4) 単元指導計画（〇時間扱い）

時間	学習活動	指導上の配慮事項
〇時間	………………………	………………………
⋮	⋮	⋮
〇時間	………………………	………………………

(5) 本時の指導計画
　①指導日時　平成〇年〇月〇日（〇曜日）〇校時
　②本時の主題
　③本時の位置　〇時間の〇時間目
　④本時の指導目標
　⑤本時の展開

指導課程	時間	学習活動	指導上の留意事項
導入	〇〇分	………………………	………………………
展開	〇〇分	……………………… ……………………… ……………………… ………………………	……………………… ……………………… ……………………… ………………………
まとめ	〇〇分	………………………	………………………

　⑥本時の資料
　⑦評価の観点

図2-4　学習指導案の一般的形式

の教師からの助言や疑問を誘発させるための問いかけなどの指導技術，教材研究（既存の教材がある場合は教材解釈をすすめることで教育目標，内容に合った教授法を計画する．また，教材が存在しない場合は自ら作り出すこともある），教具（VTR，OHP，スライド，パソコン等）の活用も重要になる．このように学習指導案の作成は，教師の授業実践をより効果的なものとするための最も重要な研究活動なのである．

　本書では，第4講〜第10講の各講において各科目ごとに学習指導案の具体例を示した．

Point

1. 教科「福祉」の科目は基礎的内容から応用的内容まで系統的に構成されている．
2. 福祉に関する学科は福祉の専門資格の取得を目指すタイプとさらに上級学校への進学を視野に入れたタイプがある．
3. 福祉に関する学科での福祉の専門資格を取得する場合には決められた教育課程の編成を行う必要がある．
4. 学習指導は年間指導計画とそれに基づく学習指導案により行われる．

【引用・参考文献】

[1] 河野公子・吉野弘一・松林巧・矢幅清司編著『高等学校新学習指導要領の解説　専門教育Ⅱ　商業・情報・福祉』（学事出版，2002年）
[2] 清水希益編『改訂対応高校新教育課程編成の手引』（明治図書，1999年）
[3] 文部省『高等学校学習指導要領』（財務省印刷局，1999年）
[4] 山下省蔵編『教職必修　教育の方法と技術』（実教出版，2003年）

第 3 講

教科「福祉」における教育評価

Ⅰ. 教育評価の意義と目的

「教育評価（educational evaluation）とは何か」と聞かれて一番はじめに思い浮かぶのは，教師が生徒の課題理解の程度を評価すること，そして生徒自らが課題理解の程度を評価することであろう．あるいは，教師間で指導方法やカリキュラムの内容を評価することなどを思い浮かべる人もいるかもしれない．しかし，「教育活動の改善に寄与する対象はすべて教育評価の対象である」という視点でみると，例えば，クラスの雰囲気や教育環境なども評価の対象に含まれることになる．このようにさまざまな評価対象に対して，それを評価する方法もまた多様である．しかし，評価対象，評価方法を問わず，重要なのはもたらされた結果が教育活動の改善にどのように寄与するのかを明らかにすることである．

荻野忠則（1983）は，評価によって得られた結果をどう解釈するのかが重要であると指摘する．評価の結果がテストの得点のように数値として得られた場合，その数値だけで客観的な評価ができたと思うのは適切ではない．例えば，当日，体調を崩して低い得点しか得ることができなかった生徒の課題の達成度は，その時のテストの得点で示された数値で測って良いものだろうか．つまり数値には現れない他の要因を併せてその結果を解釈することが必要なのである．このことをもって，荻野は「評価とは解釈

である」という．この言葉は特に評価の結果を数値として得にくい教科において忘れてはならない．また，彼が評価の基本的性格としてあげた全人性・継続性・個人性・全体性・科学性の5条件は教科を問わず，生徒を見るときに忘れてはならない視点を明示している (表3-1)．

また，「評価」という言葉は，時として否定的なニュアンス (例えば，欠点の指摘やあら探し) をもって受け取られることがある．しかし，本来的には，現状のより良い改善が主たる目的であり，できること，できないことを客観的に把握することを意図している．決して「できないこと探し」ではない．このことは，まず，教師自身が十分に理解し，また，生徒に伝えなくてはならないことである．そして，評価が何のために行われるのか，得られた評価をどのように使うのか，などの疑問に的確に答えられなくてはならない．

表3-1　評価の基本的性格

1.全人性：人間の一部，例えば知識の量だけにとらわれるのではなく，知識も意志も情操も体力も気力や信念をも考えて，全人的に健全な発達を遂げつつあるのかを調べ，あるいは考え合わせて理解し，指導する．唯1つのデータがあがった場合でも，それがこの人の全人的な発達の中でどのような意味を持つか，持ちうるかと解釈することを忘れないことである．
2.継続性：その場その時の状況を正確に知るのみでなく，以前の実績や素質などとの関係をとらえ，将来の予測を可能にし，一貫した連続の過程の中で理解しつつ指導する．変化に着目し解釈することも忘れないということである．

3. 個人性：人はそれぞれに，親から受けた遺伝子を異にするばかりでなく，育ってきた時と経験を異にする．それは万人万様というほかはない．得られた資料は，その本人の一部にすぎない．いくつかの断面が同じ結果になったからといって，その意味や指導は必ずしも一様ではなく，その子（生徒）の真の必要を理解し，その子（生徒）の立場から指導にあたる．

4. 全体性：子どもの現状は，生育歴，家庭の指導，友人や学校や教師のあり方とも有機的に関連している．親自身，教師自身の反省にまで及びつつ解釈し，対策を考える．データを出したその子（生徒）についてだけ考えるのではなく，その子（生徒）を取り巻く友人，グループ，親，教師，家庭などを含めた全体の中で，この状態がどのような意味を持っているかを理解し，事態の改善に努めることも忘れないことである．

5. 科学性：測定の科学性は（イ）合理性（ロ）実証性（ハ）客観性の3つの性格で満たされる．しかし，得られたデータには，科学性の上で何程かの制約を伴うから，そのデータをどの程度の幅を持たせて考えたらよいのか，どの程度信頼できるものなのか，どんな根拠によって出たものか，全体の中でどこの断面を測っているのかというような，そのデータができた条件との関係で解釈することを忘れないということである．

― Point ―
☞ 1. 教育活動の改善に寄与する対象は，すべて教育評価の対象となる．
☞ 2. 評価では得られた結果を「どのように解釈するか」が重要である．

Ⅱ. 教育評価の視点

　学習指導要領では，それぞれの教科毎に目標がある．例えば，「福祉」の目標は，「社会福祉に関する基礎的・基本的な知識と技術を総合的，体験的に習得させ，社会福祉の理念と意義を理解させるとともに，社会福祉に関する諸課題を主体的に解決し，社会福祉の増進に寄与する創造的な能力と実践的な態度を育てる」ことである．そして，これらの目標を達成するために用意されている科目毎にも目標があり，さらに，科目毎の目標を達成するための細かい内容についても学習指導要領には明記されている．その内容は多岐にわたるばかりではなく，知識や技術に関する評価，理念や意義の理解に関する評価，主体的に問題を解決する能力に関する評価など多面的な評価が必要となる．しかし，いずれの科目においても，「どのように評価を行うか」ということには触れられていない．各科目についての評価の視点は4講以降の各講で詳述されるため，ここでは，科目に共通する評価の視点についてまとめておこう．

1. 絶対評価と相対評価

　例えば，社会福祉の法制度や社会福祉サービスに関する知識をどのくらい習得することができたかを評価したいとき，評価の基準はどこに求めるのが良いだろうか．例えば，紙筆試験の結果が100満点中50点だったとしよう．この得点をどのように解釈すれば良いのだろうか．1つは，期待する学習目標（あるいは教育目標）の達成という基準に照らしての評価，すなわち絶対評価である．この場合，この生徒は5割程度の知識しか獲得していないという結果となり，学習は十分とはいえないだろう．しかし，こ

の得点は学習者の属している集団の中では最高得点だった，つまり，他の生徒との相対評価においては，最もよく学習が進んだ生徒ということになる．このようにどのような基準で評価するかによって，同じ得点は異なった意味を与えられるのである．

なお，相対評価では，正規分布曲線の性質を利用して段階化する方法と対象となる集団の得点の平均と標準偏差を用いて偏差値を計算し，評価する方法がよく用いられる．

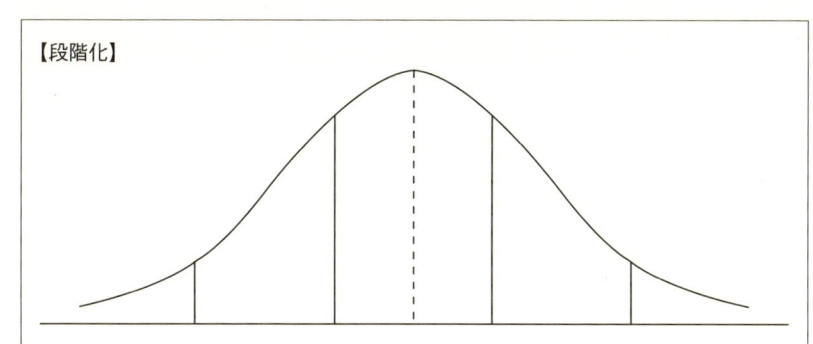

【段階化】

5段階評価

I	II	III	IV	V
7%	24%	38%	24%	7%

10段階評価

I	II	III	IV	V	VI	VII	VIII	IX	X
2%	5%	9%	15%	19%	19%	15%	9%	5%	2%

【偏差値】
平均点と標準偏差を用いているため，その時々の集団の平均点や得点の散らばり方に影響を受けない点が特徴である．なお，偏差値の表し方はいくつかあるが，ここでは一般的なTスコアの計算式を示す．

$$偏差値 = 50 + \frac{個人の得点 - 平均点}{標準偏差} \times 10$$

図3-1 相対評価の方法

ここで，この2つの評価の具体的な利用について考えてみよう．もし，目標に対して，クラスの学習がどのくらい進んでいるか，あるいは生徒個人の中でどのくらいの進歩がみられたのかについて知りたいのであれば，特定の目標に対してどこまで進んだかをみることのできる絶対評価が望ましいだろう．また，教師が目標の達成のためにさらに追加の課題や補習が必要かなどについて考える際にも絶対評価は有効であろう．卒業後に国家資格の取得を考える者もいるかもしれないが，一般に資格試験では資格が求める特定の知識，並びに技術を一定程度まで獲得していることを合格の基準とする，つまり，絶対評価が用いられていることが多い．

　一方で，ある集団の中での個人の位置を知りたいのであれば，相対評価の方がより適切といえるだろう．このように絶対評価と相対評価は，いずれかが優れた評価というわけではない．また，得られた得点も必ずしも一方の方法でのみ評価しなくてはならないということではない．例えば，生徒の教育的処遇を検討するときは相対評価で，教授方法やカリキュラムの再編を考える際には絶対評価でというように，同じ得点について双方の特徴を考慮しつつ適切に使うことが求められるのである．

2.客観的評価と主観的評価

　評価はテストの得点や成績表などに見られるように最終的に数値によって示されることが多い．しかし，数値化されていれば客観的な評価というわけではない．数値化される段階で主観的な評価が混在する場合がある．例えば，課題への取り組みの姿勢や他者との協調性などについて5段階評価で評価したとしても，その評価基準そのものが必ずしも客観的であるとはいえないだろう．そこで，客観性を高めるために発言の回数や協調性を含んだ言葉かけの数などを記録し，評価の参考とするかもしれない．しか

し，表情の変化や話し方，態度などから個人の動機や心の動きを理解し評価することは極めて難しく，客観性は保障されにくい．そのうえ，評価者自身の評価基準もその時々の体調や気分によって異なるかもしれない．

　一般に，ある目標がどの程度達成されたかという到達度を測るときに用いられる評価はできるだけ客観的であることが求められる．しかし，知識を問うなどの正解・不正解が誰にとっても明らかな方式で評価できる課題でない場合，例えば，「利用者に共感的に接する技能」や「利用者に積極的に関わろうとする態度」などを評価する場合には，主観的な評価を完全には排除できない．したがって，このことを十分に踏まえた上での評価結果として理解することが必要である．しかし，このような問題があるからこそ，より一層，客観性を確保するための努力が求められるのである．この客観性を確保する教育評価の方法としては，例えば，観察に関する技術を十分に学んでおくことなどがあげられる．なぜなら，良く経験を積んだ観察者の評価は行動や態度の評価に関して一定程度の客観性を保障してくれるからである．

― Point ―

☞ *1.* 目的に応じて絶対評価と相対評価を適切に使い分けることが大切である．

☞ *2.* 数値によって示されたとしても，客観的な評価とはいえない場合がある．

Ⅲ. 教育評価の方法

1. テストによる方法

　テストには主に教師が作成するテストとあらかじめ特定の集団の平均値や標準偏差が明らかとなっており，実施，採点，解釈までが規定されている標準化されたテストがある．例えば，知能検査や性格検査，あるいは興味検査などは標準化されたテストの代表であり，これらのテストは個々の生徒の興味や特性を理解するために利用される．また，個々の単元の目標をどこまで達成したかなどを評価するためには，標準学力検査なども利用される．しかし，このような標準化されたテストの作成に関しては膨大な時間と労力がかかり，日常の教育活動の中で教師が個人的に作成するには困難が大きい．

　一方，教師が作成するテストは客観テストと論文テストに大別される．客観テストに関してはさらに細かく再生法・真偽法・選択法・組合せ法などに分けることができる（表3-2）．これらの客観方式では，採点の客観性は保たれるが，複雑で高度な思考を測定することが難しい．一方，論文テストでは，ある問題について自由に回答させる方式をとっていることから，その問題を生徒がどのように理解しているのか，あるいは特定の問題に関してどのような意見を持っているのかを把握するのに適している．しかし，採点の客観性には疑問が残ることになる．

　このようにいずれのテスト方法においても長所，短所があることから，どのような評価を行いたいかを考慮してより適切な方法を選択することが望ましい．

表3-2　主な客観テストの例

再生法	例	介護保険制度が施行されたのはいつか．
	特徴	正確な知識の確認ができる．正答が1つか2つに限定され，かつ，回答が短い場合に有効である．
真偽法	例	次の記述が正しい場合は○，間違っている場合は×をつけなさい． 【問】清拭をするときは顔からはじめて，下から上に拭くようにする．
	特徴	多くの問題を負担感なく実施できる．しかし，真（○）／偽（×）の判断のみであるため偶然に正答になる確率が存在する．
選択法	例	政府が消費税導入との関連で1989年に策定した計画を何というか． 1．ゴールドプラン　　　　2．新ゴールドプラン 3．ゴールドプラン21　　　4．新ゴールドプラン21 5．シルバー・ゴールドプラン
	特徴	多くの選択肢の中から1つもしくは2つの正答を選択する（多肢選択法とも呼ばれる）．難易度は選択肢の正誤の識別がどの程度困難かによる．適切な選択肢を多く用意するには労力がかかるが，比較的高度の理解についても評価でき，客観性は高い．
組合せ法	例	次の施策はそれぞれ何年に施行されたか，正しい番号をそれぞれ四角の中から選び，（　）内に記入しなさい． 1．ゴールドプラン　（　）　2．新ゴールドプラン（　） 3．ゴールドプラン21（　） 　①1989年　②1994年　③1998年　④2000年　⑤2003年
	特徴	一定の関係を持つ組み合わせを問う形式である．選択する側の系列の選択肢を多くしておくことで，自動的に最後の質問の回答が決まってしまうことを避ける．また，特定の選択肢を複数回，正解として選択させることも可能であるが，その場合はその旨を明記しておく必要がある． 組み合わせ法は多肢選択法を組み合わせた形式であり，効率がよい．また，多岐選択法同様，客観性が高く，理解力・思考力の評価が一定程度可能である．

2. 観察による方法

　観察とは，一定の目的のもとにいろいろな出来事や環境を組織的に知覚することをいう．そして，よく経験を積んだ観察者が行った観察は，観察対象である本人が自らの行動を評価する場合などに比べて客観的な評価が可能である．また，観察は，教師が生徒の行動を評価する際に有用なだけではなく，学習者にとっても重要である．なぜなら，観察は教科「福祉」の目標にみられる問題解決に主体的に取り組む力を支えるものであり，福祉の場において介護の対象となる者に適切な働きかけをするために必要なスキルの１つであるからだ．このため，生徒にも獲得させたい方法である．

　例えば，経験を積んだヘルパーは技術において優れているだけでなく，対象者の行動を的確に観察することで対象者のニーズを把握し，新人のヘルパーとは異なった質の高い介護ができる．もし，経験を積んだヘルパーがどのような点を観察しているかを事前に明確に言語化して新人ヘルパーに伝えることができれば，より早く介護の質を高めることができるだろう．そしてこのことは，教師の場合も同様である．生徒の特性や態度，技術などを的確に評価できる教師は，どこを観察し，どのように評価するかについて十分に揺るぎない評価の基準を有していると考えられる．

　では，観察を行う時に留意すべき点としてどのような点があるだろうか．観察を始める前には，まず，①どんな目的で，②どのような行動（あるいは環境）を，③どのような方法で評価するのかを決めておかなくてはならない．例えば，目的を「被介護者一人ひとりに適切な関わりができているかどうかを評価する」としてみよう．では，具体的に生徒のどんな行動を観察すればよいのだろうか．実習先の様子を正確に記録するためには１人の観察者で十分だろうか．それともビデオ等の機材の助けが必要だろうか．また，何回くらい，どの時間帯を対象に行うのが適切だろうか．食事時だ

ろうか、それともレクリエーションの時間帯だろうか．このように観察では事前に多くの事柄について考え、準備することが必要となる．これらは観察の結果が客観的で信頼のおけるものとなるために、間違っても偶然の行為の理由を相手の性格に求めたり、先入観や偏見によって判断することがないようにするために必要な手続きである．

特に評価を信頼のおけるものとするために、押さえておきたいポイントは安定性と客観性の2点である．観察に用いるチェックリストの項目がどれほどよくできていたとしても、観察者側の基準が揺らいでいては信頼のおける評価にはならないのである．

【評価の安定性】

評価の安定性をめぐっては、同じ場面の同じ行動を評価したとき、常に同様の評価結果を得られるか、観察者のそのときの気分によって、あるいは観察者の被観察者に対する無意識の好意・非好意によって評価が変わっていないか、などについて検討する必要がある．

中沢（1997）は、より具体的に観察者の観察に歪みをもたらす一般的な心理傾向として以下の4つを指摘する．すなわち、①ハロー効果（事前の情報により作られた主観的印象に合うように行動を見る傾向）、②寛大化エラー（より肯定的に行動を見る傾向）、③中心化エラー（極端を避け、行動を中庸に評価しようとする傾向）、④対比的エラー（被観察者が観察者とは違う特性をもつとみる傾向）である．しかも、こうした心理傾向については自分では気づいていないことも多いため注意が必要である．

【評価の客観性】

複数の観察者で観察した場合に、観察者同士で同じ行動に関する評価に差がないこと、つまり評価が客観的であることを確認しておくことは重要

である．このためには，例えば，観察したい対象の行動を予備的にビデオなどに録画し，同じ場面を複数の観察者が評価して互いの評価にズレがないことを確認するなどの工夫が必要である．また，観察するポイントを事前に明確に言語化して共通理解を図っておくなどの準備も必要である．

3. 面接による方法

教師が生徒との面接（会話）を通して得られる資料を元に評価する方法である．テストや観察からは得られない生徒の内面についての深い理解が可能になる．例えば，社会福祉実習や社会福祉演習などを通じて学んだことを実際の態度や行動にまでは表すことができなかったが，内面に関して大きな変化があった場合などは，この面接法によって明らかにすることができる．

なお，面接が評価として用いられていることが生徒に明らかな場合は，一般的な相談場面での面接とは異なり，生徒は実際の思いではなく，教師にとって望ましい回答をしようとするかもしれない．したがって，教師は生徒が自分の内面を率直に語っているかどうかを見通す力を養わなくてはならない．また，複数の生徒における変化の様子などを比較しようする場合には，面接を始める前にすべての生徒に共通して尋ねる項目を用意しておくなどの工夫も必要である．

Point

☞ *1.* 教師が作成するテストは，客観テストと論文テストに大別される．

☞ *2.* 観察による評価では，事前の準備に加えて評価の安定性と客観性を高めるための努力が必要である．

☞ *3.* 適切な面接による評価は，実際の態度や行動に表れない内面の変化を明らかにする．

Ⅳ. 教科「福祉」における評価のポイント

1. 実践を評価する　……知識の応用としての実践……

　教科「福祉」には，社会福祉基礎・社会福祉制度・社会福祉援助技術・基礎介護・社会福祉実習・社会福祉演習・福祉情報処理の7科目が含まれる．これらの科目のうち社会福祉基礎と社会福祉制度を除く5科目については，科目目標達成のために知識だけでなく実践が必要となる．したがって，これらの科目では知識と並んで実践に関しても評価することが必要となる．

　ところで，知識は十分にあるのに実際に行動に移そうするとその知識をうまく利用できなかったという経験をした人は少なくないだろう．しかし，なぜ習得したはずの知識を利用できなかったのかを，例えば，行動の観察だけから評価することは難しい．なぜなら，通常，知識をうまく利用できなかったということは，実践がうまくいかなかった，つまり行動が適切でなかったか，もしくは行動に現れなかったという状態を意味するからだ．では，生徒がうまく行動できなかった理由としてはどのようなことが考えられるだろうか．行動に移す際に必要な知識のうち欠けているものがあったのだろうか，行動はできたものの場面やタイミングが適切でなかったのだろうか，あるいは他の人との協調がうまくできなかったのだろうか．もしかすると，人に接することへの恥ずかしさや失敗したらどうしようという不安のために行動できなかったのかもしれない．その理由は実にさまざまであろう．そこで，教師は実践を評価するだけでなく，面接や表3-3に紹介した方法を用いてその理由についても検討することが求められる．そして，今後，同じような場面に出会ったらどうしたらよいのか（あるい

は，どうしたいのか）などを生徒と共に考え，知識を応用して実践に結びつけるための具体的な手段を提案していくことが求められよう．また，実習後に班単位，クラス単位でアンケートの結果をもとに話し合いをするなどの試みを通して，結果を単なる評価の材料としてだけでなく，より効果的な学習につなげていく資料として用いることも考えたいものである．

　いずれにしても教科「福祉」では，実践が大きな意味を持っている．したがって，実践の部分をどのように評価していくかは重要な課題である．

2. 生徒自身が評価する　……自己評価と他者評価……

　評価は指導的な立場にある者からなされる場合が多いが，生徒が自分自身の変化について評価すること，あるいは生徒同士の間で評価しあうことも重要である．特に，介護体験における高齢者・障害者との関わりの中で生じた心の動きやグループ活動中の生徒同士の様子などについては指導者の視点からの評価だけでは十分ではない点もあるだろう．そうした点を補うものとして，自己評価や生徒同士の評価は欠かすことができない．

　しかし，一方で，実習などの経験を振り返って自分自身について評価する場合，指導者や他の生徒からの評価は低いものの，自分自身ではよく頑張った，あるいは良くできたと評価する場合もあるだろう．このように自己に関する評価が他者の評価と異なったものとなる可能性は少なくない．しかしこのような場合には，いずれの評価が正しいかという点にのみ注目するのではなく，なぜ両者の評価が異なったのかについて考えることが重要である．

　例えば，介護技術や援助技術において，客観的には不十分であるのに，自分では「良くできた」と評価しているのであれば，それは，評価の基準が適切ではないか，もしくは自分自身について客観的に評価することに困

難があることになる．このような場合には，実際の場面を撮影したビデオ等を一緒に見るなどしながら，評価の視点や基準について話し合うなどの工夫が必要かも知れない．しかし，全体としてはうまくできなかったけれど，前回よりは上手にできたということで「良くできた」と評価しているのであれば，両者の評価の差は基準の問題ではない．

いずれにせよ，自分自身について評価をすること，また自分自身に関する評価を他者の評価と比較することを通してより深く自分自身について考える機会とすることが重要である．評価は，その結果を有効に利用してこそ意味がある．

3. 利用者が評価する　……学習課題の確認……

福祉の場における学習では，見学や実習先の施設などを利用している利用者がどのような印象や感想を生徒に対して抱いたか，などの評価も重要である．したがって，可能であれば，施設の職員などの協力を得つつ，アンケートなどの方法で意見を集めたり，あるいは，教師が別の機会にヒアリングを行うなどの方法で評価を得たいものである．もちろん，本人が直接，尋ねることも可能だが，そのような場合では利用者にも遠慮などが生じ，正直な気持ち（評価）を聴くことは難しいかも知れない．いずれにせよ，このようにして得られた評価は生徒の今後の学習にとって極めて貴重な情報となる．

表3-3 質問紙の回答方法の種類と特徴

【回答が限定されるもの】

種類	内　容	特　徴
2件法／3件法	「はい／いいえ」「希望する／希望しない」などのように2つの選択肢のいずれかを選択させる方法． 　3件法は2件法に「どちらともいえない」などの中間的な項目を加えた方法．	回答の負荷が少ないため，比較的短時間で多くの項目に回答できる．そのため，年齢の低い子どもや老人，知的にハンディキャップのある者にも利用しやすい．ただし，比較的大雑把な意見の集約にとどまる． 　3件法では，態度を明確に表明したくないなどの動機がある場合に，中間の項目に回答が集中する傾向があるので，注意が必要である．
例	あなたは，介護実習において適切な介護ができたと思いますか． 　1.はい　2.いいえ　（3件法ではこれに「どちらでもない」を加える）	
多肢選択法	4つ以上の互いに独立した内容からなる選択肢の中から選択させる．選択させる回答の数によって， 　①単一回答法（1つのみ） 　②複数回答法（2つ以上の複数の回答を認める） 　③限定回答法（選択させる回答の数を制限する） に分かれる． 　また，選択肢に加えて，「その他」の項を設けて記述させる場合もある．	適切な選択肢を用意できれば，得られる情報は多く，かつ詳細である．しかし，質問に対するすべての回答を選択肢として挙げられるわけではないことに注意が必要である． 　選択肢を増やすと，数が増えるにしたがって回答に時間がかかり，回答者の負荷が増える（最高でも選択肢の数は10程度にとどめることが望ましい）．したがって，回答者の負荷を考慮した上で，各選択肢は質問から予想される回答を過不足なく含んでいる必要がある．このため，十分な事前準備が必要となる．
例	あなたが今回の実習において，適切に介助または援助できなかったのは，次のどれですか．該当するものすべてに○をつけてください（複数回答可）． 　また，1～5以外にもあれば，【その他】の欄に具体的に記述してください． 　1.基本的介助　　2.食事の援助　　3.排泄の援助　　4.移動の援助 　5.衣服着脱の援助　6．【その他：　　　　　　　　　　　　　】	

種類	内容	特徴
評定尺度法	段階を設定し，そのうちの1つを選択させる方法．5段階評価，7段階評価などがよく用いられる． 　中間に回答が集中することを避けるために4段階とすることもある．	各段階間の差が等間隔であるように表現の工夫をする必要がある．特に，結果の処理において，各段階につけた数値をもとに量的な統計処理（例えば，平均値を求める，など）を試みようとする場合には，注意が必要である．
例	介護活動においてチームワークは 1.とても重要である 2.やや重要である 3.あまり重要でない 4.まったく重要でない （2と3の間に「どちらともいえない」等を加えて，5段階にすることもある）	
順位法	一群の項目について，例えば，最も好きなものから順に第1位〜最下位まで順位をつけさせる方法． 　場合によっては，1位〜3位までなどのように回答の範囲を指定することもある．	全体を比較して判断するため，回答に時間がかかる． 　得られた数値は，序数尺度であり，間隔尺度ではないが，正規化順位法によって量的な処理をすることも可能である．
例	あなたが今回の実習において，良くできたと評価する順に（　）内に1〜5の数字を入れてください． 　1.基本的介助（　）　　2.食事の援助　　（　）　　3.排泄の援助（　） 　4.移動の援助（　）　　5.衣服着脱の援助（　）	

━ Point ━

☞ *1.* 教科「福祉」の評価では，「知識」と「知識の応用としての実践」の関係を明らかにすることが必要である．

☞ *2.* 福祉の場における実践の評価には，見学・実習先の施設の職員や利用者からの評価も含まれる．

☞ *3.* 質問紙（アンケート）の回答方法の種類とその特徴を理解する．

【回答が自由であるもの】

種類	内容	特徴
文章完成法	未完成の文章を呈示して，その空欄を自由に埋めさせる方法．どの程度まで文章を完成させておくかによって，得られる回答の自由度は制限される．	回答を数値化することは難しいが，質的なデータとして重要である． 得られた回答をもとに，さらに「限定的な」回答方法による質問紙を作成するなど，探索的目的で用いられることもある．
例	次の文章中の空欄に適当なことばを入れて，文章を完成してください．"正しい答え"はありませんので，思いつくままに自由にお書きください． ※1 自由度が高い 介護実習は　　　　　　　　　　　　　　　　　です． ※2 自由度が低い 介護実習で高齢者の方と一緒に作業をすることは　　　　　　です．	
自由記述法	質問に対して，自由に回答させる方法．ただし，記述する数を指定する場合もある．	質問文のみを作成すれば良いことから，質問紙の作成は簡単である．その一方で，回答者は「文を構成する」必要があるため，負荷が大きい．また，得られたデータは質・量ともに多岐にわたり，整理・分析には時間と労力がかかる．
例	今回の実習で良かったこと，反省したことをそれぞれ3つずつ挙げてください． （良かったこと）　　　　　　　　　　（反省したこと） ・　　　　　　　　　　　　　　　　・ ・　　　　　　　　　　　　　　　　・ ・　　　　　　　　　　　　　　　　・	

（注）いずれの回答方法を選択するにせよ，質問項目が増えるほど，回答者の負担は大きくなる．これは，生徒が回答する場合であっても配慮すべきことだが，回答者が高齢者や障害者の場合には特に配慮が必要である．また，質問項目を読みやすい大きな文字にする，あるいは回答欄を大きくするなど対象者の特性に併せた工夫も必要である．

Ⅴ. 評価の時期について

　最後に教育評価がいつ行われるかについて考えておきたい．答えは「常に」である．教師が生徒に相対するとき，その表情や態度，発言の内容，そして，提出された課題やその課題に取り組む姿勢等々，すべてが評価の対象となる．このように常時行われている評価だが，大きく分けると定期的に行われる評価と不定期に行われる評価に分けることができる．

　まず，不定期に行われる評価だが，これは既に述べたように毎日の授業の中での生徒の様子を観察することや授業中の質問への回答，あるいは授業の前後に行われる教師作成の小テストなどによる評価である．この評価の主な目的は，個々の生徒がその日の授業の内容をどの程度理解したのかをチェックすることであり，学習過程の評価といえる．そして結果によっては次回以降の授業の内容を変更したり，補習を考えることになる．この評価は形成的評価と呼ばれる．

　これに対し，定期的に行われる評価としては，①単元の始めや学期の始め，あるいは学年の始めに行われる診断的評価，②単元の末や学期の末（もしくは中間），あるいは学年末に行われる総括的評価が挙げられる．

　診断的評価の目的は，学級を構成する生徒を適切に配置することであり，単元に臨む前の生徒の水準を明確にすることである．これによって，その後の学習を適切で効果的なものとすることができる．また，時には，学習に困難を伴う生徒について，その理由を明確化するために用いられることもある．

　一方，単元や学期，学年の終わりに用いられる総括的評価は，主として生徒の成績を決めるために用いられることが多いが，教師にとっては指導計画や指導方法が適切であったかを確認する機会ともなる．

いずれにせよ，全ての評価は生徒のそれぞれの時点での学習の進度を明らかにするとともに，教師が行ったさまざまな活動に対するフィードバックという側面をもつ．教師は，生徒を評価をすることで，自らもまた，評価されているということを忘れてはならない．

---**Point**---

☞　教育評価はいつ行われるかという点から，定期的に行われる診断的評価・総括的評価と不定期に行われる形成的評価に大別されるが，基本は「常に」である．

【引用・参考文献】
- [1] 荻野忠則『教育評価のための統計法』（日本文化科学社，1983年）
- [2] 小林利宣編『新教育心理学図説』（福村出版，1986年）
- [3] 硯川眞旬・佐藤豊道・柿本誠編『福祉教科教育法』（ミネルヴァ書房，2002年）
- [4] 高見令英・向後礼子・徳田克己・桐原宏行『わかりやすい教育心理学』（文化書房博文社，1995年）
- [5] 中澤潤・大野木裕明・南博文『心理学マニュアル 観察法』（北大路書房，1997年）
- [6] 文部科学省『高等学校学習指導要領解説福祉編』（実教出版，2000年）

第4講
「社会福祉基礎」の教育法

I.「社会福祉基礎」の目標と内容

1.「社会福祉基礎」の目標

　専門教科「福祉」を構成する7科目のうち,「社会福祉基礎」は原則履修科目とされ,最も基礎的かつ重要な科目として位置付けられている.
『高等学校学習指導要領　第3章　第8節　福祉』では,「社会福祉基礎」の目標について,「社会福祉に関する基礎的な知識を習得させ,現代社会における社会福祉の意義や役割を理解させるとともに,社会福祉の向上を図る能力と態度を育てる」としている.また,『高等学校学習指導要領解説　福祉編』(文部省,2000年3月)では,「現代社会における社会構造の変容やライフサイクルの変化が社会福祉の進展にどのように影響し,どのような変化をもたらしているかを理解させるとともに,社会福祉に関する基礎的な知識を習得させ,社会福祉の意義や役割を理解させること」,さらに,「社会福祉を支える福祉の原理を理解することにより,社会福祉に対する幅広い視野と福祉観を養い,社会福祉の向上を図る能力と積極的な態度を育成すること」と説明されている.
　このように教科「福祉」のうち基盤をなす科目だけに,この科目の学習を通して,非常に広範な知識や視野,態度を養うことが要請されている.

ただ，社会福祉制度・サービスの詳細については，他科目で学習することが想定される．したがって，本科目では，社会福祉の基礎的かつ体系的理解を促しつつ，社会福祉というものが学習者自身の生活と深く結びついていること，さらに，社会福祉について考えることが，学習者の家族観，社会観，生活観，そして人間観とも大きく関わるため，幅広い視野と知識を通じて，学習者の福祉観や社会福祉の向上を図る能力，態度を養うことが，何よりもまして求められるところであろう．

――Point――
☞　「社会福祉基礎」においては，体系的な知識理解とともに，学習者の福祉観，社会福祉の向上を図る能力と態度を養うことが求められる．

2.「社会福祉基礎」の内容

学習指導要領では，「社会福祉基礎」の内容として次の項目が示されている．
(1) 現代社会と社会福祉
　　ア　社会構造の変容と社会福祉
　　イ　ライフサイクルと社会福祉
(2) 社会福祉の理念と意義
　　ア　自立生活支援と社会福祉
　　イ　社会福祉の理念
(3) 社会福祉の歴史
　　ア　欧米における社会福祉
　　イ　日本における社会福祉
(4) 社会福祉分野の現状と課題
　　ア　公的扶助

イ　児童家庭福祉

　　ウ　高齢者・障害者福祉

　　エ　地域福祉

(5) 社会福祉の担い手と福祉社会への展望

　以上のような5つの内容と下位項目によって構成されているが，以下，下位項目に沿って生徒に理解させるべき内容を検討していきたい．

(1) 現代社会と社会福祉

① 社会構造の変容と社会福祉

　本項では，急速に進展する高齢化や少子化，都市化・過疎化の問題，女性の社会参加など意識の変容など，われわれを取り巻く社会構造あるいは生活構造の変化，産業構造の変化，また，核家族化，家族規模の縮小，高齢世帯の増加などといった家族形態の変化などについて理解させる必要がある．

　あわせて，少子高齢化の意味と問題，そうした社会構造や生活構造の変化が家族や地域の扶助機能を低下させていること，それらに対して社会福祉が果たすべき役割や，どのような社会福祉制度が必要とされているのかを理解させることが重要となる．

　また，単に社会福祉の問題をこれら社会状況から読み解き，現代社会において社会福祉が重要になってきていることを理解させるばかりではなく，これらの問題が他人の問題ではなく，むしろ学習者である生徒自身に深い関わりがあるということも考えさせなければならない．現代社会における社会福祉の問題を現実に即して伝えるためにも，自分たちの住んでいる地域や家族を振り返り，一般的に言われている社会構造の変化は，自分たちの地域や家族ではどのような状況であり，どんな問題が実際に起きているのかを，考えさせる契機になる必要がある．

②ライフサイクルと社会福祉

ライフサイクルとは，生活周期，つまり人の一生を，結婚を起点にいくつかの段階に分けたもので，結婚以後，社会との関わりや家族内で生じるさまざまな出来事を経験しながらたどる規則的な生活変化をみたものである．こうしたライフサイクルの検討は，家族がどのような生活問題と出会い経験し，それら問題に対してどのような対応策があるのかを見出す上で有効な方法といえる．

とりわけこのライフサイクルは，晩婚化，出生児数の減少，平均寿命の延び，高学歴化などといった社会現象によって影響が与えられ変化してきている．この項目では，ライフサイクルの変化によって実際どのような生活問題が生じているのかを理解させるとともに，ライフサイクルの各段階においてどのような福祉サービス・制度が利用できるのかを理解させる必要がある．

(2) 社会福祉の理念と意義
①自立生活支援と社会福祉

社会福祉法でも明確に示されたように，社会福祉サービスの基本理念はサービス利用者の地域における自立生活を支援することである．利用者にとって自立とは何なのか．旧来より説明されてきた身体的自立，経済的自立ばかりではなく，「労働的・経済的自立」，「精神的・文化的自立」，「身体的・健康的自立」，「社会関係的・人間関係的自立」，「生活技術的自立」，「政治的・契約的自立」が挙げられている文献もある．このように自立を多様な側面からとらえていくことが必要である．

さらに，こうした多様な側面からなる自立を支援するものとして，どのようなサービスがあり，どのようなサービスが未整備であるのか，問題点は何か，さらにはそれらを地域においてどのように保障していくことが求

められるのかなどを理解させていく必要がある．

②社会福祉の理念

前項の「自立生活支援」がサービス提供に関わる基本理念を理解させる項目であるのに対して，本項目では社会福祉制度の根幹をなす基本原理を理解させることが必要である．

第1には，わが国の社会福祉制度の根幹を定める憲法，とりわけ13条，25条を提示しながら，社会福祉が国民の権利として成立し，社会保障の一分野として位置付けられることを理解させなければならない．さらにその具体化として，社会福祉法を始め，生活保護法，児童福祉法などのいわゆる社会福祉六法，ほか社会福祉関係各法の目的や制度を体系的に理解させることが必要である．

第2には，サービスの利用方式が利用者主体になっている点を理解させなければならない．周知のように，サービス内容が行政権力による「措置」によって決定されてきた方式から，利用者が自己の選択と決定による「契約」に基づいた方式に転換されてきていることを，介護保険や支援費制度などを例に挙げながら説明していく必要がある．

第3には，ノーマライゼーションの理念である．1990（平成2）年の社会福祉関係8法改正や2000（平成12）年の社会福祉法制定の際にも導入されたこの理念は，今日社会福祉の政策の上で最も重要な理念として扱われるに至っている．

このほかにも社会福祉の理念を説明する上でのポイントは多々あろうが，留意したいのは，こうした社会福祉に関する基本原理は，例えば研究者や制度立案者による机上の議論から生み出されるのではなく，これらは社会福祉の実践から生み出されるということである．障害者の自立生活運動などに代表されるように，当事者主体の活動が制度政策に反映されるこ

とも少なくない．利用者・当事者を主体にした社会福祉の実践が，新しい基本原理を生成させる，そのプロセスに参加していくという自覚を学習者に身につけさせる必要があろう．

(3) 社会福祉の歴史
① 欧米における社会福祉

学習指導要領では，イギリスにおける社会福祉の歴史的展開を中心としながら，アメリカやスウェーデンの歴史も扱うこととされている．社会福祉研究においてはイギリス研究が主流となっているが，わが国においてイギリス研究が主流となる理由は，わが国との国状が類似する点もさることながら，イギリスにおいてベバリッジ報告やコミュニティケア改革の動きなど，わが国の社会福祉政策形成に影響を与えたものが大きいからである．なぜ欧米とくにイギリスの社会福祉について学ぶ必要があるのか，諸外国の思想や実践とわが国の社会福祉との関係を理解させることが重要である．

② 日本における社会福祉

日本の社会福祉の歴史は，ややもすると戦後，さかのぼっても明治以降の近代社会から解きおこされることが多く，国民の権利としての社会福祉が説かれる場合が多い．が，近代社会以前の伝統的な相互扶助活動や隣保活動，慈善活動などが行われ，これがわが国の社会の基盤となり，社会福祉の前史として重要な位置を占めることは理解される必要がある．

その上で，戦後の社会福祉体制と仕組みを，社会経済の時代背景と絡めて解説していくことが必要である．

(4) 社会福祉分野の現状と課題
①公的扶助

わが国の公的扶助のうち生活保護制度を中心に，その成立展開，基本原理・原則，保護の種類・方法・決定実施の過程，被保護世帯数など全体的な動向，課題を理解させることが必要である．

とくに，現代社会における生活保護制度の役割，社会保障制度の中でも「最後のセーフティネット」機能をもつものとしてその位置付けを理解させるとともに，「現代の貧困」といわれるホームレス問題などには適用しにくいといった課題を持っていることを，現状と併せて理解させる必要がある．

②児童家庭福祉

旧来より最も弱い立場にある児童の人権と生活を保障し，児童を育てる家庭への支援を含めた「児童家庭福祉」の考え方や理念を始めとして，児童福祉法，エンゼルプランなどの児童家庭福祉に関わる制度の仕組みや施策の流れと動向，また，少子化傾向，児童虐待，地域の子育て支援などの児童や家庭を取り巻く状況や今日的動向を理解させることが重要である．

③高齢者・障害者福祉

高齢者福祉に関しては，老人福祉法や高齢社会対策基本法に基づき高齢者福祉の理念や考え方，高齢社会の進展とそれに伴う問題状況，高齢者福祉の制度と仕組みについて理解を促すことになる．

障害者福祉に関しては，ノーマライゼーションや自立といった障害者福祉の基本的理念とともに，WHO（世界保健機関）の国際障害分類改訂版（ICF）による障害の概念，障害者福祉の制度と仕組みについて理解させることが必要である．

④ 地域福祉

　地域福祉とは他の項目のような社会福祉の一分野ではなく，そうした属性を超えて社会福祉サービスを提供していく新たなサービスシステムであることをまず理解させる必要がある．その上で地域福祉という考え方が求められるようになった背景や流れを通覧するとともに，地域福祉を打ち出した社会福祉法に対する理解も促さなければならない．

　また社会福祉協議会，共同募金，民生委員など，地域福祉の推進体制や，在宅福祉サービスのあり方と内容について，他の分野との関連も踏まえて理解させなければならない．

　地域において，こうした推進機関やサービス，その他の社会資源を活用，ネットワークし，地域の福祉力というものをいかに高めていくかといった視点を養うことができるように工夫する必要がある．

(5) 社会福祉の担い手と福祉社会への展望

　ここでは福祉社会の構築に向けた，さまざまな社会福祉従事者，地域住民，ボランティアが相互に協力していくことの必要性と意義について理解させることが肝要である．

　第1には，社会福祉従事者の職種，役割とその専門性や倫理，第2には，福祉社会を形成していくために必要なボランティアの考え方と意義,役割,第3には，福祉社会形成のための住民の福祉意識を醸成していくことの重要性とその方法を，それぞれ理解させていかなければならない．

Point

☞ 1. 知識理解を求める内容が多くなるが，表面的な知識理解に陥らないように留意する．

☞ 2. 学習内容に「臨地感」，「臨場感」を持たせるため，学習者自身や地域の具体的な日常生活と関わらせて教授する工夫が必要である．

Ⅱ.「社会福祉基礎」の教材研究

1. 現代社会と社会福祉

(1) 社会構造の変容と社会福祉

　ここでは現代社会の問題に即して社会福祉を理解させる必要があり，関係するさまざまな資料を活用することが肝要である．

　まず現代社会の問題として社会福祉を捉えるために，「厚生労働白書」，「青少年白書」，「子ども白書」，「障害者白書」，「高齢者白書」，「国民の福祉の動向」など行政や民間機関が発行する最新の統計データを掲載した白書類，新聞・雑誌などの報道記事，高齢者問題や家族問題などを取り扱った小説，映画などが想定されよう．また，こうした社会福祉の問題が自分たちが住んでいる身近な地域で生じていることを理解させるためにも，市町村行政や社会福祉協議会が策定する「地域福祉（活動）計画」や各種広報紙などを活用し，身近なものとして福祉問題を捉えることが必要である．

(2) ライフサイクルと社会福祉

　ライフサイクルを理解させるために，「社会保障入門」などに掲載されているライフサイクルのモデルを活用するとともに，ワークシートなどを用いて自分の家族や自分自身のライフサイクルを振り返りや思い描くことが必要である．

2. 社会福祉の理念と意義

(1) 自立生活支援と社会福祉

　教科書などによって自立や自立生活を概念として説明することが必要だが，まずは生徒に自立とはどのような状態のことをいうのか，具体的にイメージさせる必要がある．それには抽象的な概念よりも，高齢者や障害者の生活体験記や手記，ソーシャルワーカーやボランティアによる生活支援事例，障害者の生活を追ったテレビのドキュメンタリー番組などを録画したビデオ教材などを用いて，ニーズを持つ当事者や家族の思いや苦労，あるいは環境などを通して帰納法的に自立を理解させることが重要である．

(2) 社会福祉の理念

　社会福祉の理念については，前述したように，社会福祉が国民の権利として成立する社会保障の一分野であること，「措置」から「利用契約」というサービスの利用方式の改革，ノーマライゼーションの理念を理解させる必要がある．それには，社会福祉六法や利用者向けの制度概要を示した資料を用いながら，利用者の立場に立って理解させる必要がある．
　またノーマライゼーションといった社会福祉に関わる基本的理念が，実践の中から生成されることを理解させるため，例えば障害者の自立生活運動などに関する事例や資料，前述のビデオ教材などを用いることも考えなければならない．

3. 社会福祉の歴史

(1) 欧米における社会福祉

　欧米における社会福祉のながれを通覧できる年表などを用意するととも

に，わが国に対しても大きな影響を与えたベバリッジ報告など，イギリスの社会保障関係の報告書などを活用したい．

(2) 日本における社会福祉

ここでも，わが国における社会福祉の流れを通覧できる年表などを用意するとともに，国の各種答申，提言などを活用することが必要である．

4. 社会福祉分野の現状と課題

(1) 公的扶助

法律や「国民の福祉の動向」，「厚生労働白書」などの統計データを用いて，生活保護制度の概要や現状を理解させる．またこの公的扶助の問題を現実性のある問題として捉えるため，具体的にはホームレスなどの具体的な問題を取り上げ，これを通して現状と制度の問題を検討させるといった配慮が必要だろう．ホームレス問題を扱った新聞・雑誌の関係記事，ビデオ教材，書籍などを活用することが考えられる．

(2) 児童家庭福祉

ここでも法律やエンゼルプランなどの児童福祉関係制度施策，「国民の福祉の動向」，「子ども白書」などの資料類を用いて，児童家庭福祉の概要を理解させる必要がある．またこの児童家庭福祉に関しても，この問題がリアリティのある問題として認識させるためにも，例えば児童虐待，子育て支援などの具体的なテーマを掲げ，新聞・雑誌の関係記事，ビデオ教材などを用いて理解させる必要がある．

(3) 高齢者・障害者福祉

　老人福祉法や身体障害者福祉法など関係法律，ゴールドプラン，障害者プランなどの制度施策，「高齢者白書」，「障害者白書」などの資料類を用いて制度や仕組みを理解させる．具体的なイメージについては，やはりビデオ教材など視聴覚による理解が不可欠である．例えば特別養護老人ホームや在宅介護に関わるビデオ教材を活用することができる．

(4) 地域福祉

　地域福祉の領域では，自分たちの地域がどのような問題を有しているのかを具体的に考えさせながら，地域福祉の考え方を理解させることが重要である．それには，行政や社会福祉協議会が策定する「地域福祉（活動）計画」，各種広報紙，自治体や社協が行った福祉意識や生活実態に関する調査報告書などが活用できる．また，当該地域で生活し活動するボランティアや地域住民を実際に招いてその体験話を聴くことも有効だろう．

　また，地域福祉の推進機関として重要な社会福祉協議会，共同募金，民生委員などについては，その活動を示したビデオ教材を活用するとともに，共同募金についてはその具体的な使い道を示した資料，配分を受けている活動団体や施設の話を通じて，地域における福祉活動に関しての理解を深めることが重要である．

5. 社会福祉の担い手と福祉社会への展望

　社会福祉従事者の職種の内容や専門性，倫理などについては，各専門職団体が出している倫理綱領などを活用したい．

　またボランティア活動についてはその全体規模を記した統計データなどのほか，阪神淡路大震災などを例にとり，新聞記事，雑誌記事，ボランテ

ィア活動を取り上げたテレビ番組を録画したビデオ教材が効果的である．

> **Point**
> 1. 教材では，社会福祉に直接関係したものでなくても，生活観，家族観，人間観などが示され，福祉観の養成に役立つものならば大いに活用することが望ましい．
> 2. 学習者自身が生活する地域の素材（人，機関・施設，各種資料や媒体など）を活用することが重要である．

Ⅲ.「社会福祉基礎」の学習指導計画と評価の視点

　さて,具体的にこの「社会福祉基礎」をどのように授業展開するかであるが,本科目は教科「福祉」の中で最も基礎的で,低学年で学ぶことを鑑み,次の点をふまえなければならない.第1には学習に「臨地性」「臨場感」をもたせ,日常生活と関わらせて学ぶように配慮することである.そのために教材研究でも述べているように,身近な素材を活用することが有効である.第2には,国民的教養としての福祉を理解させるという,教科「福祉」創設のねらいに鑑み,この学習を通して,一市民,一国民として社会に貢献するという意識を醸成させ,住民参加による福祉社会を形成することの意義を理解させるように配慮することである.第3には,現代社会の問題と関わらせて学ばせるよう配慮することである.第1の事項と関連するが,社会福祉とは特別な問題なのではなく,現代のさまざまな事象,問題と関連しており,そうした問題と社会福祉とを統合化する視点を養うようにつとめなければならない.

　以下に具体的な学習指導案を提示したい.

1. 年間指導計画の例 （4単位・140時間を1年間で行う場合を想定）

学期	月	単元	指導内容	配当時間
1	4	1.現代社会と社会福祉	(1)社会構造の変容と社会福祉	10
	5		(2)ライフサイクルと社会福祉	10
	6	2.社会福祉の理念と意義	(1)自立生活支援と社会福祉	13
	7		(2)社会福祉の理念	12

学期	月	単元	指導内容	配当時間
2	9	3.社会福祉の歴史	(1)欧米における社会福祉	13
	10		(2)日本における社会福祉	12
	11	4.社会福祉分野の現状と課題	(1)公的扶助	8
	12		(2)児童家庭福祉	9
			(3)高齢者福祉	7
3	1		(4)障害者福祉	7
			(5)地域福祉	9
	2	5.社会福祉の担い手と福祉社会への展望	(1)社会福祉の従事者	11
	3		(2)ボランティア活動の考え方と展開	11
			(3)21世紀福祉社会への展望	8

2.「社会福祉基礎」の学習指導案例

「社会福祉基礎」の学習指導案

指導教諭氏名　〇〇〇〇　　印

教育実習生氏名　〇〇〇〇　　印

指導学級　　〇年〇組（生徒数〇〇人）

（男子〇人，女子〇人）

(1) 単元名
社会福祉分野の現状と課題

(2) 単元の目標
①社会福祉の各分野が生まれてきた社会的背景と理念について理解させる．

②社会福祉の各分野の代表的施策の概要と現状などについて理解させる．

③社会福祉の各分野の課題について理解させる．

(3) 単元設定の理由
①生徒観

生徒の多くは，自らの家庭や地域の環境，その中での体験をきっかけとした何らかの社会貢献意識をもっている．その意識は未だ漠然とした思いだが，その意識は，将来福祉の道に進みたいという将来の職業観と密接に

つながっているため，教育行為によってこれらを具体的なものに昇華させなければならない．そのためには，社会福祉の中にどのような分野があり，どのような仕組みでそれらが運用されているのか，具体的に学ぶことが必要である．

② **教材観**

本単元の内容は，各分野にわたり多岐に内容が及ぶ．そのため断片的な知識伝達にならないような配慮が必要である．本単元の詳細は，科目「社会福祉制度」によって学ぶことになることを鑑み，低学年で学ぶことになる「社会福祉基礎」での本単元の学習は，法律や制度の単なる伝達ではなく，生徒に身近なあるいは関心事項から取り上げ，帰納法的な学習形態をとることが望ましい．社会福祉の各分野の問題が日常生活，居住している地域においても生じている非常に身近なものであることを理解させたい．従って教科書だけでなく，地域の各機関で発行されている統計，行政計画関係資料などを活用して展開を図りたい．

③ **指導観**

社会福祉の各分野の現状と課題を理解させるとともに，これらを総合化する視点を養えるよう指導する必要がある．各分野を縦割り的に解説するのではなく，生徒の居住する地域の状況を意識しながら，生徒が利用者の立場，ニーズの側面からこれらの制度を理解できるような指導を行う必要がある．

(4) 単元指導計画 (40時間扱い)

時間	学習活動	指導上の配慮事項
(8時間) 2時間	1.公的扶助 (1)生活保護の歴史 　①公的扶助と生活保護制度 　②戦後と生活保護法の成立展開	・時代背景，社会的背景の中から生活保護制度が成立したことを理解させる．
6時間	(2)生活保護制度の仕組みと課題 　①目的・原理・原則 　②保護の種類・方法・決定・実施 　③権利・義務関係 　④生活保護の全体動向 　⑤生活保護制度の課題	・生活保護制度がどのような原理に基づいて，かつどのような仕組みで実施されているのかを理解させるとともに，社会経済の状況と関連させ，ホームレス問題など具体的な問題を提示しながら理解させる．
(9時間) 5時間	2.児童家庭福祉 (1)児童家庭福祉の考え方 　①児童福祉制度の発展 　②児童福祉の理念 　③児童や家庭をめぐる状況 　④要保護児童の状況 　⑤児童虐待への対応	・児童が最も弱い立場の存在であることに気づかせ，その人権や生活を十分に保障していくことの必要性を理解させる．特に，児童虐待の問題や子育て支援などの現代的課題を提示し，児童だけではなく，その家庭をも視野にいれた対策が重要であることを理解させる．
4時間	(2)児童家庭福祉の仕組みと課題 　①児童家庭福祉施策の概要 　②ひとり親家庭の福祉 　③児童家庭福祉の課題	・エンゼルプランなど具体的施策を提示し，児童家庭福祉の仕組みを理解させる．
(7時間) 3時間	3.高齢者福祉 (1)高齢者福祉の考え方 　①高齢者福祉制度の発展 　②高齢者福祉の理念 　③高齢者をめぐる状況	・生徒の高齢者との接触経験はさまざまであるため，それぞれの「老人観」をイメージさせる．また，高齢者介護問題の深刻化に伴い，介護を家庭内の私的レベルで行うべきものではなく，国民全体の問題として取り組む「介護の社会化」が求められていることを理解させる．

時間	学習活動	指導上の配慮事項
4時間	(2)高齢者福祉の仕組みと課題 　①高齢者施策の概要 　②高齢者福祉の課題	・要介護高齢者へのサービスの充実はもとより，要介護にはいたらない，あるいは元気な高齢者へのサービスも重要であることを理解させる．
(7時間) 3時間	4.障害者福祉 (1)障害者福祉の考え方 　①障害者福祉の理念 　②自立ということ 　③障害の概念	・障害者福祉の理念が，さまざまな実践や運動の中から生じてきたことを理解させる． ・ICF（国際障害分類改訂版）によって障害の構造を学ばせるとともに，その意義，障害者福祉における視点の転換について理解させる．
4時間	(2)障害者福祉の仕組みと課題 　①障害者福祉の考え方と発展 　②障害者福祉の仕組みと課題	・障害者福祉の仕組みだけでなく，その社会参加や自立支援のための関連施策についても理解を促し，障害者施策を総合的に理解させる．また在宅での生活を送ることの重要性についても理解させる．
(9時間) 2時間	5.地域福祉 (1)社会福祉法と地域福祉の推進	・地域福祉が求められてきた背景，その制度の流れを理解させるとともに，地域福祉を打ち出した社会福祉法の意義も理解させる．
3時間	(2)地域福祉の推進体制 　①社会福祉協議会 　②共同募金 　③民生委員	・地域福祉を推進するための仕組みとしての社会福祉協議会，共同募金，民生委員を地域の実情に応じて，具体的にその役割について学ばせる．
4時間	(3)地域福祉と施設福祉・在宅福祉の考え方 　①地域の中の施設福祉・在宅福祉 　②社会福祉施設の福祉サービス 　③在宅福祉サービスの考え方 　④在宅福祉サービスの内容	・地域福祉の中でも中心となる在宅福祉がその重要度を増してきた背景について理解させる．

(5) 本時の指導計画
① 指導日時
平成○年○月○日（○曜日）○校時

② 本時の主題
地域福祉推進体制としての共同募金

③ 本時の位置
「社会福祉分野の現状と課題」（40時間）の35時間目

④ 本時の指導目標
(a) 共同募金の仕組み（募金，配分）の概要について知る．
(b) 当該地域において，共同募金がどのように集められ，どのように活かされているかを知る．
(c) 共同募金運動が単に慈善的な意識で行われるものではないことを知る．
(d) 地域福祉活動を行うための資金の重要性について知る．

⑤ 本時の展開

指導課程	時間	学習内容	指導上の留意点
導入	5分	1. 本時の学習内容を知る． 2.「共同募金」について知っていることや体験したことを挙げさせる．	・まず共同募金が地域で行われる身近なシステムであることを意識させるため，生徒の体験を挙げさせてこれを全員で共有する． ・本時の学習内容の見通しを立てさせる．

指導課程	時間	学習内容	指導上の留意点
展開	35分	3.共同募金に関する知識をクイズ形式にて学ぶ.	・共同募金に関する知識をクイズ形式にて学ばせることで,興味関心を喚起する.
		4.共同募金の使途PRビデオの視聴,パンフレットを参照し,その仕組みの概要を知る. (1) 募金・広報 (2) 配分 (3) 組織	・共同募金の仕組みを,ビデオから紹介し,適宜,補足説明を言葉で行う. ・共同募金が,単に慈善的な意識で行われるものでないことを理解させるように配慮する.
		5.当該市町村における共同募金関係資料(社会福祉協議会発行のチラシや広報紙)で,自分たちの学校がある地域での共同募金の使われ方について知る.	・自分たちの学校がある地域での共同募金の使われ方を学ぶことにより,学習の「臨場感」をもたせる.
		6.使われ方を知るとともに,高齢者,児童,障害者の分野など,地域のさまざまな福祉活動団体や施設の存在とその活動について理解を深める.	
		7.当該地域では,なぜこのような使われ方がなされているのか考える.	・地域での使われ方について考えさせることにより,地域の福祉ニーズ,活動を行う団体や施設の資金ニーズについて理解させるように配慮する.
		8.考えたことを発表する. 9.疑問に思ったことを質問する.	・生徒が考えたこと,疑問に思ったことを積極的に発言できるように,できるだけ多くの質問に応答することができるよう配慮する.

第4講 「社会福祉基礎」の教育法

指導課程	時間	学習内容	指導上の留意点
まとめ	10分	10.地域福祉活動において，資金の重要性について理解する． 11.共同募金を配分を受けた団体や施設への見学を企画する． 12.次時の授業内容について知る．	・地域福祉活動の資金が地域の住民から拠出されていること，そしてその資金が地域の各種活動やイベントなどに活かされ，われわれの生活と密接につながっていることに気づかせる．

⑥ **本時の資料**

(a) 共同募金会制作の共同募金使途PRビデオ．

(b) 共同募金会発行の共同募金のパンフレット，冊子．

(c) 当該市町村社会福祉協議会が発行するチラシ，広報紙．

⑦ **評価の観点**

(a) 共同募金の仕組みが理解できたか．

(b) 自分たちの地域での共同募金の使途について知ることができたか．

(c) 地域福祉活動における資金の重要性について知ることができたか．

(d) 共同募金など活動資金は地域住民から拠出され，それらが各種活動に活かされていること，生活と密接につながっていることを理解することができたか．

(e) 地域にはさまざまな活動を行う団体，施設が存在していることを理解することができたか．

社会福祉の分野から「地域福祉」を取り上げ，この推進体制としての共同募金を取り上げた．地域福祉とは単に社会福祉の一分野ではなく，各分

野を総合化する，新たな社会福祉サービスシステムとして捉えなければならない．この点を理解させる必要がある．

加えて，その推進体制として共同募金を取り上げることにより，福祉活動を進めるために重要な資金面という社会福祉を理解する上での違った視点を生徒に提供することができるばかりでなく，地域の福祉ニーズや共同募金配分を受けている団体を知ることで，総合的な視点も養うことができる．

単にタコつぼ的な視野ではなく，地域福祉の学習を通じて，生徒がいかに福祉を総合化する視点を養うことができたかが，生徒，教師双方の評価のポイントとなろう．

Point

☞ 社会福祉を分野別，領域別といった縦割りで理解するのではなく，学習者が，社会福祉を理解する用具としてこれを総合化する視点を持つように指導し，かつそのような視点をもつことができたかが評価のポイントになる．

【引用・参考文献】
[1] 文部省『高等学校学習指導要領解説　福祉編』(実教出版，2000年)
[2] 大橋謙策編集代表，田村真広他編『福祉科指導法入門』(中央法規，2002年)

第 5 講

「社会福祉制度」の教育法

Ⅰ.「社会福祉制度」の目標と内容

1. 社会福祉の法と制度

(1) 社会福祉に関する基本的な法と社会福祉サービス

　社会福祉制度を学習する前提として，人権の概念を理解させることが大切である．人権については，日本国憲法13条（個人の尊重，幸福追求権，公共の福祉，自己決定権）の概念などをわかりやすく説明する必要がある．また，日本国憲法25条は，老人，障害者，児童など社会福祉のあらゆる分野の根拠となる．国民の生存権，それを保障する国家の義務について，新聞報道や裁判例などを素材に学習を進めるとともに，グループに分かれて議論の場を設けることも重要である．

　人権を説明するにあたっては，他人の人権を尊重することによって自分の人権も守られることに気づかせる．人権の説明を通じて，社会福祉制度は，個人の人権を尊重して生活を豊かにするための手段や方法を明らかにしたものであることを理解させる．

　社会福祉制度は，法律に裏づけられた国家の義務を明らかにしたものであり，在宅サービスや施設サービスを主な内容とする．サービスを運用する主体は，国家（行政機関）に限らず，社会福祉法人，民間企業に委託す

るなど多元化している．授業では，サービスの種類や内容などのメニューだけではなく，運用方法についても学習させる必要がある．サービスの実態を理解させるためには，日常生活と関係の深い項目を取り上げるなど，生徒の興味関心に応じた内容を心がける．事例を取り上げるだけではなく，地域の行政機関や施設などで見学・調査を行うことも望ましい．

〈資料1〉用語説明の一例：人権

　人権は，人であるというだけで保障される．しかし，実際の生活は，住む場所や食べ物がない，病気を患っている，体が不自由であるなどさまざまな困難がある．いじめや暴力など他人から侵害を受けることもある．そのような現実にあって，人は，話し合いをしながら約束やルールを決めており，決めた事柄を守るために努力している．人権とは，人という条件だけで保障されるために，人々が努力しながらこれまで築いてきたものであり，社会情勢の影響などを受けながらこれからも築いていくものである．

　法律の概念では，人が人として生まれながらに当然にもつ生存にとって不可欠と考えられる基本的な権利であり，日本国憲法で保障される．精神的自由や経済的自由などの自由権は，生存権や労働基本権などの社会権の裏づけをともなわないと，実現にむすびつかない．また，自由権を現実化するためには，参政権の保障が必要である．

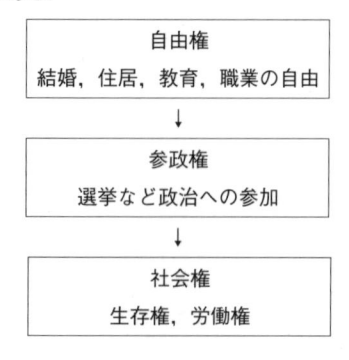

```
┌─────────────────────────┐
│         自由権           │
│  結婚，住居，教育，職業の自由  │
└─────────────────────────┘
             ↓
┌─────────────────────────┐
│         参政権           │
│    選挙など政治への参加     │
└─────────────────────────┘
             ↓
┌─────────────────────────┐
│         社会権           │
│       生存権，労働権       │
└─────────────────────────┘
```

〈資料2〉事例（抜粋）

　京都市山科区で4年前，痛ましい事件があった．失業のため十分な食事がとれず，栄養失調に陥って緊急入院．生活保護を受け始めたが，退院の翌日に「傷病治癒」という理由で保護がうち切られ，たちまち困窮状態に逆戻り．保護を受けられないまま，自宅で死亡し，約2カ月半後に発見された，というものである．この事例は，決して特殊なものではない，同じような餓死・衰弱死事件は，少なくないのである．共通するのは，生活苦や困窮を訴えるサインが本人から出されていたのに，これを生活保護へとつなげる仕組みが不十分だったという点だ．生活が苦しい人たちを職権で保護する義務がある福祉事務所だが，実際には，生活保護の適用に消極的にみえる．生活保護は人が生きていくための最後のセーフティネット（安全網）だ．保護が必要な人を放置すれば，死に直結する．多くの場合，生活困窮者は十分に権利を主張することができず，地域社会とのつながりも乏しい．実態が外部からは分かりにくい面がある．それでも，民生委員に相談したり，水道料金を滞納したりと，困窮を示すサインは必ずある．住居に出入りの形跡がないというのも，見逃してはならないサインだろう．

（朝日新聞2003年6月3日朝刊「私の視点」　弁護士　吉田雄大）

(2) 社会福祉行政の組織とその財源

　社会福祉行政は，県庁や市役所の利用などを通じて生徒にとって身近であることを理解させる．社会福祉の専門行政機関には，都道府県知事のもとに，表5-1の5つの機関があることを学習させる．

　社会福祉の財源は財源の動向，措置費（措置制度によるサービスを確保するための必要経費）の場合，公費負担（国が2分の1，都道府県が4分の1，市町村が4分の1（政令指定都市の場合は2分の1））と利用者負担から成り立つなど，税金だけで運用されているわけではないことを学習

させる．近年では利用契約制度が導入されて，利用者への支援費支給方式という新たな費用負担制度があることも理解させる．

〈資料3〉社会福祉行政の組織

●国の組織　＝　厚生労働省
　　社会・援護局，老健局，雇用均等・児童家庭局
　　＊総務省(老人対策，地域改善対策，青少年問題対策など)なども関連する

●地方公共団体の組織
　　都道府県，政令指定都市，中核市，市町村，広域連合など
　(例)　都道府県の場合
　　知事－民生部，民生労働部，生活福祉部－社会課，児童課，福祉課

表5-1　社会福祉行政機関の設置数（平成15年4月1日現在）

	総数	都道府県	市	町村
福祉事務所	1212	333	875	4
児童相談所	182	166	16	
身体障害者更正相談所	71	59	12	
知的障害者更正相談所	75	63	12	
婦人相談所	47	47		

Point

☞ 1. 人権は，人というだけで保障される．

☞ 2. 社会福祉サービスは，制度を根拠に，公民さまざまな機関から提供される．

2. 高齢者・障害者の福祉

(1) 高齢者福祉と社会福祉サービス

　高齢化の現状については，高齢者世帯の増加（65歳以上のひとり暮らし高齢者が平成14年に全国で推定340万人），老後の生計維持の困難さ（公的年金や恩給が平均所得の65％以上をしめる）など，統計や事例を用いて具体的に把握させる．高齢者の健康状態や生きがいについても理解させながら，それらに対応する高齢者福祉の役割を学習させる．

　在宅，施設，生活支援の各種サービスは，ゴールドプラン21の概要を説明しながら，種類と内容を学習させる．学習を通じて，高齢者福祉は医療や保健制度と相互に関連すること，介護などのサービスとともに健康づくりや生きがい活動なども含まれること，まちづくりの視点が大切になることに気づかせる．制度を身近に感じさせるために，自分たちが生活する自治体で計画されているサービスを調査させることも必要である．

(2) 障害者福祉と社会福祉サービス

　障害者福祉の現状については，身体障害，知的障害，精神障害の各制度の内容と相違を学習させる．たとえば，知的障害者福祉では母子保健による予防と早期発見，児童相談所による療育手帳の判定が行われており，精神障害者保健福祉では入院医療や地域保健制度，社会復帰を目的とした対策が整備されている．学習を通じて，障害者の生活は，福祉の制度に限らず，学校教育や雇用制度，バリアフリーのまちづくりなど多くの関連分野が協力して支えられていることを理解させる．障害をもちながら生活することを生徒に実感させるためには，器具を用いた疑似体験を行うことが必要である．自治体が発行する点字や声の広報，手話の教材なども活用したい．

> **Point**
> ☞ *1.* 高齢者福祉は，医療・保健とともに，高齢者の生活や健康に配慮している．
> ☞ *2.* 障害者の生活は，福祉・教育・労働など多様な制度に支えられている．

3. 児童家庭福祉

　児童家庭福祉では，少子化の現状，ひとり親家庭や児童虐待の実態，児童福祉法の理念などを説明しながら，子育ての意味を考えさせたい．制度の現状については，児童福祉法，児童虐待防止法，次世代育成対策推進法，少子化社会対策基本法などを学習させる．また，健やか親子21や新エンゼルプランの概要を説明しながら，児童家庭福祉が保育や母（父）子福祉制度，母子保健医療体制に関連することを理解させる．学習を通じて，日本の法制度は子どもを保護の対象と捉えており，子どもの権利条約が示す国際的な子ども観（子どもを権利の主体として捉える）と異なることを理解させる．

> **Point**
> ☞ *1.* 児童家庭福祉は，主に子どもを保護する制度から成り立つ．
> ☞ *2.* 日本の法制度が示す子ども観は，国際条約が示す子ども観と異なる．

4. 社会福祉関連施策

(1) 社会保険制度

　医療保険，年金保険などの社会保険制度は，生徒にとって，早ければ卒業後に加入して保険料を支払う義務が生じるなど身近な制度であることを実感させる．なぜ加入する必要があるのかという問題意識を持たせながら，民間保険とは異なる特徴を学習させる．学習を通じて，社会保険制度が，世代間扶養や相互扶助など，社会全体による支え合いを目的とすることに気づかせる．介護保険については，要介護認定から介護サービス計画にいたる流れを学習させるとともに，申し込みやサービスを利用する手続き，保険料の負担などについて，身近な自治体の取り組みを調べさせる．

(2) 社会福祉関連サービス

　社会福祉に関連するサービスには，教育施策（生涯学習，特殊教育など），住宅施策（公営住宅への優先入居など），労働施策（職業訓練や資格養成事業など）がある．また，サービス利用者の保護に関連する施策として，成年後見制度や地域福祉権利擁護事業がある．これらの施策については，広報や自治体発行のパンフレットを用いて，身近にあるサービスの種類と内容を調べさせるとともに，利用の条件や利用方法などの手続きを理解させる．インターネットを利用して，自治体によるサービスの違いを学習させることも必要である．

(3) その他の公共施策

　公共施策については，生徒が身近に感じることのできるサービスを学習させたい．たとえば，心身障害者や生活保護世帯は，交通運賃の無料パスや割引を受けることができる．そのほかにも，経済的負担を軽減するサー

ビスとして，水道料金や放送受信料などの生活関連費の減免や貸付制度がある．また，視覚・聴覚・心身障害者は郵便料金を減免される．学習を通じて，これらの施策には対象者の自立生活を支援する目的があること，安心して生活するために重要な役割を担うことを理解させる．

---**Point**---

☞ *1.* 社会保険制度には，相互扶助や社会連帯の役割がある．

☞ *2.* 関連施策は，人々の自立生活を社会的に支援する．

---

5. 社会福祉施設

社会福祉施設については，これまで果たしてきた歴史的役割（保護して生活を保障する）と現在求められている役割（ホームヘルプやデイサービス，ショートステイ，相談事業など施設の専門機能を活用した在宅福祉サービスを提供する）を理解させる．社会福祉施設は，本来公益性の高い事業として位置づけられるために，公費が支給されて監査を受けるなど運営や財源の面で行政と関わりが深いことを理解させる．施設サービスが多様化している現状を理解させるためには，民間委託の現状や社会福祉法人の位置づけなども学習させることが望ましい．

---**Point**---

☞ *1.* 社会福祉施設は，役割の転換が求められている．

☞ *2.* 社会福祉施設の運営や財源は，行政と深く関わる．

表5-2 社会福祉施設の種類

基本となる法律	施設の種別	施設の名称
老人福祉法	老人福祉施設	特別養護老人ホーム，養護老人ホーム，軽費老人ホーム，老人介護支援センター*など
身体障害者福祉法	身体障害者更正援護施設	療護施設，更生施設，授産施設，福祉ホーム*，福祉工場，福祉センター*など
知的障害者福祉法	知的障害者援護施設	更生施設，授産施設，福祉ホーム*，通勤寮*，福祉工場
精神保健福祉法	精神障害者社会復帰施設	生活訓練施設*，授産施設，福祉ホーム*，福祉工場
児童福祉法	児童福祉施設	助産施設，乳児院，母子生活支援施設，保育所，児童養護施設，児童自立支援施設，知的障害児施設，児童家庭支援センター*，児童館*など
母子及び寡婦福祉法	母子福祉施設	母子福祉センター*，母子休養ホーム*
生活保護法	保護施設	救護施設，更生施設，医療保護施設*，授産施設，宿所提供施設*

（注）＊は利用施設．その他は，入所・通所施設．

第5講 「社会福祉制度」の教育法

Ⅱ.「社会福祉制度」の教材研究

1. 授業準備のための教材

(1) 制度の概要

① 『国民の福祉の動向』(厚生統計協会, 各年版)

② 社会福祉の動向編集委員会編『社会福祉の動向』(中央法規, 各年版)

*近年の動向や最新の統計にみられる社会福祉制度の全体像を把握する．全体像を把握することにより，各分野の制度の位置づけや相互関係を説明しやすくなると思われる．制度と生活のつながりを理解させるためには，最新の新聞記事（社会面，家庭面）を確認することも必要である．

(2) 制度の用語

① 京極高宣監修『現代福祉学レキシコン』(雄山閣出版, 1993年)

② 社会福祉辞典編集委員会編『社会福祉辞典』(大月書店, 2002年)

*社会福祉制度に登場する用語は，生徒にとって聞き慣れない言葉が多いために，わかりやすく説明することが必要である．具体的には，読み方や意味を確認するとともに，用語の背景にある歴史などを調べておくことが望ましい．

2. 授業時の教材

(1) 統計や意識調査

　　1 湯沢雍彦『データで読む家族問題』（NHKブックス，2003年）

＊生徒と同年代にあたる青年の意識調査などを利用して，社会福祉制度が身近な問題に対応していることを理解させる．

(2) 人権

　　1 エマ・ホートン他著，若菜俊文監修『家庭の中の権利』（ほるぷ出版，1999年）
　　2 JCLU編『高校生のための人権宣言』（ビレッジプレス，1989年）
　　3 オーストラリア人権委員会編，福田弘他訳『みんなの人権　人権学習のためのテキスト』（明石書店，1987年）
　　4 山田由紀子『子どもの人権をまもる知識とQ&A』（法学書院，1999年）
　　5 棟居快行他著『基本的人権の事件簿　第2版』（有斐閣選書，2002年）
　　6 『人権啓発学習資料　みんなの幸せをもとめて』（東京都教育庁生涯学習スポーツ部社会教育課，2003年）

＊人権という言葉のイメージから，生徒は学習に抵抗を感じるかもしれない．そこで，絵本1を活用する，高校生が自分で考えた概念2を伝える，レクリエーション3を交えながら話し合うなど，楽しみながら学習させる．

＊事例4や裁判例5，自治体発行のパンフレット6を用いて，人権侵害の実態に対する考えを話し合わせる．

〈資料４〉人権学習の一例：ルールはなぜあるのか？　根拠は？

　人権を保障するためのルール（法律など）は，なぜ存在するのか，どのようなものから成り立っているか，話し合わせる．話し合いを通して，人権が思想や価値観の影響を受けやすいこと，身近なものであることを理解させる．
教師が提示する回答の一例
　・価値観や思想　　　　：国民や社会の意識，世論
　・特権に反対する運動　：人々の意識や差別の実態への要求
　・社会制度や文化　　　：物理的条件
　・個々人の感覚や生き方：自尊心や，家族・仕事・友人との関係
　　　　　　　（森実『知っていますか　人権教育一問一答』解放出版社，2001年）

(3) 個別の制度

　① 東京ソーシャルワーク編『How to 生活保護　介護保険対応版』
　　（現代書館，2000年）
　② 大田のり子『プチ生活保護のすすめ』（クラブハウス，2003年）
　③ 菊本治男『結婚・離婚・親と子の知識とQ&A』（法学書院，1993年）
　④『国民生活白書』（内閣府，各年版）をはじめとする各種白書
　⑤ 厚生省児童家庭局企画課監修，子ども虐待防止の手引き編集委員会編『子ども虐待防止の手引き』（1997年）
　⑥『月刊子ども論』（クレヨンハウス，各月発行）

＊書籍①②③を用いた説明だけでは，制度に対する興味関心をもたせることが難しい．行政のパンフレットや手引き⑤を活用するなど生徒の視覚に訴えることも必要である．
＊各分野の制度の概要は，主に④を用いて学習させる．官公庁の白書は

インターネットでも閲覧できるので積極的に活用したい．たとえば，児童家庭福祉では，『青少年白書』（内閣府）のほかに，『子ども白書』（草土文化），『世界子供白書』（ユニセフ）などがある．児童家庭福祉のポイントである子どもの権利の教材については，「学習指導案例」の「⑥本時の資料」を参照すること．
* 高齢者や障害者福祉については，器具を利用して高齢や障害の状態を体験学習させる．さらに事後学習として，どのような困難を実感したか，現在の制度がどのように対応しているかを話し合わせる．
* 制度を身近に感じさせるためには，自治体の広報やホームページを調べさせることが必要である．身近な制度の概要を学習させながら，地方版の新聞記事⑥を用いて制度の運用にみられる地域差を理解させる．

(4) 社会福祉施設

① 全国社会福祉協議会養護施設協議会編『作文集　続泣くものか』（亜紀書房，1990年）

② 『子どもが語る施設の暮らし』編集委員会編『子どもが語る施設の暮らし』（明石書店，1999年）

③ 恩寵園の子どもたちを支える会編『養護施設の児童虐待——たちあがった子どもたち』（明石書店，2001年）

* 施設利用者の作文①，事例②，事件③を用いて，社会福祉施設の実態を理解させる．

Point

☞ *1.* 人権が身近なものであることを理解させる．

☞ *2.* 制度の現状は事例や新聞記事などを活用して明らかにする．

Ⅲ.「社会福祉制度」の学習指導計画と評価の視点

　上記のような内容に基づく社会福祉制度の学習指導について，年間指導計画案，単元の学習指導案，1単位時間の学習指導案の実例を提示しておく．

1.年間指導計画の例 （4単位・140時間を1年間で行う場合を想定）

学期	月	単元	指導内容	配当時間
1	4	1.社会福祉の法と制度	(1)社会福祉に関する基本的な法と社会福祉サービス	25
	5			
	6		(2)社会福祉行政の組織とその財源	15
	7	2.高齢者・障害者の福祉	(1)高齢者福祉と社会福祉サービス	20
2	9			
	10		(2)障害者福祉と社会福祉サービス	20
	11	3.児童家庭福祉	(1)児童家庭福祉の展開 (2)児童福祉法 (3)児童家庭福祉関連法 (4)子どもの権利条約 (5)児童虐待防止法 (6)次世代育成支援対策推進法 (7)少子化社会対策基本法 (8)これからの児童家庭福祉	20
	12			
3	1	4.社会福祉関連施策	(1)社会保険制度	10
	2		(2)社会福祉関連サービス (3)その他の公共施策	10 10
	3	5.社会福祉施設	(1)社会福祉施設の種類と役割	10

※3.児童家庭福祉に関しては，次ページ以降の解説のために指導内容を記述している．

2.「社会福祉制度」の学習指導案例

「社会福祉制度」の学習指導案

指導教諭氏名　　○○○○　　印
教育実習生氏名　　○○○○　　印

指導学級　　○年○組（生徒数○○人）
（男子○人，女子○人）

(1) 単元名
児童家庭福祉

(2) 単元の目標
　社会福祉制度は，政治や経済，文化とそれらを支える国民の意識による影響を受けており，生徒を含む国民が主体的にかかわることで変化していくものである．なかでも児童家庭福祉は，社会福祉に興味関心を持つ生徒にとって，いま生活している家庭，さらに，将来築き上げる家庭にかかわる内容である．そこで，制度の概要については，単なる説明にとどまらず，生徒自らがこれまでの生活経験を振り返ると共に，将来を展望しつつ具体的に考えることができるように理解させることを目標とする．

(3) 単元設定の理由
　児童家庭福祉については，「社会福祉基礎（4）イ　児童家庭福祉」（学習指導要領）で取り扱われて，社会福祉の全体的な流れのなかで基本的な枠

組みを学ぶことになる．本単元では，児童や家庭に関連する社会福祉制度を取り上げて，その詳細を学習することとしたい．具体的には，制度が発展してきた社会的背景について，時系列を追いながら学習する．歴史を理解させるとともに，制度の確立とその役割，変遷を学習することによって，児童家庭福祉の理念や考え方を身につけさせる．本単元の学習を通じて，専門職には基本的な理念を理解したうえで制度を運用することが求められることに気づかせて，理解させたい．

(4) 単元指導計画（20時間扱い）

時間	学習活動	指導上の配慮事項
（2時間）	1.児童家庭福祉の展開	・日本国憲法制定に至る慈善活動を中心とした児童家庭福祉の実態を理解させる．
（6時間） 2時間 2時間 2時間	2.児童福祉法 (1)成立の背景と過程 (2)法の理念 (3)法の内容 ・児童委員，児童福祉司 ・児童相談所 ・児童福祉施設	・すべての子どもが保護対象であることを理解させる． ・児童育成の責任が，国及び地方公共団体と保護者にあることに気づかせる． ・児童家庭福祉を担う人や機関，施設と，それらの役割を理解させる．
（4時間） 1時間 1時間 1時間 1時間	3.児童家庭福祉関連法 (1)児童手当法 (2)児童扶養手当法 (3)特別児童扶養手当法 (4)母子及び寡婦福祉法	・社会保障制度の一環としてさまざまな在宅サービスがあることを理解させる．社会情勢の影響を受けやすい給付のあり方についても考えさせる．
（2時間）	4.子どもの権利条約 ・子どもの権利条例	・子どもは保護の対象だけではなく，権利の主体であることを理解させる．
（2時間）	5.児童虐待防止法	・新聞記事やパンフレットを用いながら，児童虐待の現状を理解させる．

時間	学習活動	指導上の配慮事項
（1時間）	6.次世代育成支援対策推進法 ・新エンゼルプラン	・子育てにおける国の役割と、親が勤める事業主の役割を理解する．
（1時間）	7.少子化社会対策基本法	・保育や保健制度の実態を学習する．
（2時間）	8.これからの児童家庭福祉	・これまでの学習をより深めて検討するために，クラス全体で議論する．

(5) 本時の指導計画

①指導日時

平成〇年〇月〇日（〇曜日）〇校時

②本時の主題

子どもの権利条約

③本時の位置

「児童家庭福祉」（20時間）の13時間目

④本時の指導目標

　本科目の導入として，前時までの学習では，児童家庭福祉制度が子どもを保護の対象としていたことを確認する．本時では，子どもに関連する国際的な動向を説明しながら，子どもは権利の主体であるという考えにいたる子ども観の発展を理解させる．また，生徒に自分の幼少期を振り返りさせながら，子どもや家庭を取り巻く現状と，子どもの位置づけを考えさせる．

⑤ 本時の展開

指導課程	時間	学習内容	指導上の留意点
導入	5分	1.前時の復習	・これまで学んだ制度において，子どもが保護の対象であったことを確認する．
		2.本時の学習内容について 3.グループ分け	・子どもは守られる存在であると同時に，権利を行使する存在でもあることを理解させる．
展開	35分	4.子どもの権利に関連する国際的な動向 ・二つの世界大戦と子どもの権利宣言，国際児童年の概略を説明する． ・子どもの位置づけを話し合う．	・戦争の影響を受けた子どもの深刻な状況と，国家や国際社会の役割を，絵本や写真など視覚に訴えながら，わかりやすく説明する． ・世界の状況とともに，日本の子どもが置かれている状況をグループで話し合うよう指示する．
		5.子どもの権利条約 ・子どもを権利の主体として捉える考えを理解させる．	・子どもの権利の個別具体的な内容を，条約の条文を紹介しながら説明する． ・高校生の権利には何があるか，グループで相談して発言させる．
		6.課題の提示	・子どもの権利としてあったらいいなと思うもの，いらないものを考えさせる．それらの権利を行使する方法も含めて，レポートを作成するよう指示する．
まとめ	10分	7.学習のまとめ	・各グループの学習を取り上げて，子どもの権利には多様な考え方があることに気づかせる．
		8.次時の学習内容を知る	・次時は子どもの権利をさらに深めて学習することを予告する．

⑥ **本時の資料**

① 許斐有他編『子どもの権利と社会的子育て』(信山社，2002年)

② 小笠原浩方『子どもの権利とは』(新曜社，2002年)

③ 許斐有『子どもの権利と児童福祉法[増補版]』(信山社，2001年)

④ エマ・ホートン，ペニー・クラーク著『調べてみようにんげんの権利　家庭の中の権利』(ほるぷ出版，1999年)

⑤ 子どもの権利条約をすすめる会編著『ぼくのわたしの意見表明——7689人から親・学校・社会へ』(こうち書房，1996年)

⑥ 母と子社『「母と子」1月号臨時増刊号　子どもと読む　子どもの権利条約』(母と子社，1991年)

⑦ 伊藤書佳他『子ども発　知りたい国連子どもの権利条約』(ジャパンマシニスト社，1990年)

⑧ JCLU編『高校生のための人権宣言』(ビレッジプレス，1989年)

⑨ チルドレンズ・ライツ刊行委員会編『チルドレンズ・ライツ　いま世界の子どもたちは』(日本評論社，1989年)

⑩ ユニセフ『世界子供白書』(ユニセフ，各年版)

⑪ 日本子どもを守る会編『子ども白書』(草土文化，各年版)

①③は，子どもの権利条約の意義を事前に学習するための教師向けのテキストである．②⑥は，子どもの権利条約についてわかりやすい言葉で書かれており，生徒に説明する時の参考になる．④⑨は，写真や絵などが豊富に掲載されているため，授業時に生徒にみせながら内容を理解させることができる．⑤⑦⑧は，現役の高校生の声が反映されているために，生徒に話し合いや考えをまとめさせるときに，「たとえばこのような考えもあるよ」と示すことができる資料である．⑩⑪は，子どもを取り巻く現状を理解するための参考資料である．

⑦評価の観点
(a)子どもを守る国家や国際社会の役割を認識することができたか．
(b)保護の対象と権利の主体，それぞれで子どもに対するおとなの価値観が異なることを理解しようとしたか．
(c)子どもの置かれている状況と子どもの権利が意味する内容を，身近な事柄として考えることができたか．

【引用・参考文献】
[1] Center for Civic Education著，江口勇治監訳『テキストブック　わたしたちと法』（現代人文社，2001年）
[2] 野崎和義『法学シリーズ職場最前線②　福祉のための法学　―社会福祉の実践と法の理念―』（ミネルヴァ書房，2002年）
[3] 大橋謙策編集代表，田村真広他編『福祉科指導法入門』（中央法規，2002年）

第 6 講

「社会福祉援助技術」の教育法

Ⅰ.「社会福祉援助技術」の目標と内容

1.「社会福祉援助技術」の目標

　社会福祉援助技術とは,福祉に関するさまざまなニーズをもつ人に対し,福祉の専門家がサービスを提供するにあたって用いる技法の体系をさす.「福祉は人なり」との言葉が示すように,サービスと利用者を結びつける役割を担うのが福祉の専門家であり,サービスが適切に利用されるかどうかは,援助者の力量に大きく左右される.介護保険の導入以後,社会福祉に関する国民の関心は高まっており,福祉サービスの質が今まで以上に問われている.同時に,サービスを提供する福祉のプロに対しても,その専門技術の向上が強く求められているのである.
「社会福祉援助技術」の科目では,このような福祉の専門家として必要な技術の体系を,校内における模擬的な実践を通じて,体験的に身につけさせることを目標としている.
　学習指導要領では,「対人援助に関する知識と技術を習得させ,社会福祉援助活動に活用する能力と態度を育てる」ことに主眼を置いている.特に,高齢者と障害者を対象とした対人援助を中心として展開するよう求めている.

免許取得のための 自動車運転免許教習所での学習	社会福祉の専門学習
学科教習 　講義形式による自動車の構造や法令等についての学習	**知識面での学習** 　講義形式による社会福祉の体系的理解 　「社会福祉基礎」「社会福祉制度」など
技能教習 　第1段階　教習所内教習 　　所内における技術の模擬練習 　第2段階　仮免許・路上教習 　　路上における実地研修	**技術面での学習** 　第1段階　「社会福祉援助技術」 　　校内における専門技術の模擬的実践 　第2段階　「社会福祉実習」 　　福祉現場における知識と技術の体験的理解

図6-1　運転免許の取得と社会福祉専門学習の比較

「社会福祉援助技術」の意義と目標を明確にするために，自動車運転免許教習所における学習と比較しながら考えてみよう．

教習所での学習は大きく2つに分かれる．学科教習と技能教習である．技能教習は，さらに教習所内走行と，仮免許による路上走行に分かれる．学科・技能教習のいずれも，運転免許を取得するには重要な内容である．社会福祉の専門家になるためにも，知識面と技術面の双方の学習が欠かせない．「学科」に該当するのが，「社会福祉基礎」や「社会福祉制度」であり，仮免許を得ての路上走行が「社会福祉実習」である．「社会福祉援助技術」は，技能教習の「所内走行」に該当する．実践現場に出る前に，校内での模擬的実践によって，技術の基礎を身につけることを目標としている．

---**Point**---

☞　社会福祉援助技術とは，自動車運転免許教習所における技能教習の「所内走行」に相当する．模擬的実践による知識と技術の体験的理解が中心となる．

2.「社会福祉援助技術」の内容

各単元についての具体的な教材や，授業展開時の留意点，実例については後で示すが，ここでは学習指導要領の項目に従って，具体的に何を理解させるのかについて解説する．

(1) 社会福祉援助活動の意義と方法
①社会福祉援助活動の意義

社会福祉援助活動は，専門的な援助技術を用いつつ，制度としての福祉サービスを，それを必要としている利用者に対して適切に提供していく活動である．福祉サービスは，援助者によるサービス提供（援助活動）があって初めて具体化される．その意味では，社会福祉において中心的な役割を担う活動であり，この活動の成否が，福祉サービスの成否を問うことにもなる．授業においては，こうした援助活動の意義を理解させることが重要である．さらに，社会福祉援助活動は，援助者の人間性に左右されるため，生徒が各々の人間性を磨く日常的な取り組みが重要である点についても，理解させなければならない．

②社会福祉援助技術の概要

社会福祉に固有の技術として，「個別的な援助（ケースワーク）」，「集団及び家族への援助（グループワーク）」，「地域を基盤とした援助（コミュニティワーク）」の3つが重要である．本科目においても，この3つの技術の習得が目標とされる．ここでは，技術を実践する前に，それぞれの技術について，その内容を明確化しておく必要がある．3つの技術の歴史的経緯や技術の効果，技術の具体的過程などを，事例研究等によって理解させる．さらに，3つの技術の相互関係を明確化することで，技術の体系

を理解させることも大切である．

(2) 社会福祉援助技術の方法と実際
①個別的な援助

　個別援助技術（ケースワーク）について，模擬的場面を設定しつつ，体験的に理解させる．ケースワークの技術は，面接技術が中心である．そのため，授業においても，実際に面接場面を設定して，面接を実体験させる必要がある．体験によって，次の点を理解させることが重要である．

・自分なりの傾聴の技術をいかにして身につけるか

　生徒一人ひとりが，自分に合った方法を体験的に理解することが肝要である．模擬的実践によって，援助の基礎となる傾聴の技術を身につける．

・相手の真のニーズをいかにして把握するか

　利用者は，他人に対して，本当のニーズを伝えないことがよくある．そこで援助者は，相手の真のニーズを読み取る洞察力を持たなければならない．授業では，実際の面接を体験することによって，相手の表情や言葉の裏に秘められたニーズを洞察する訓練を行う．

・ニーズと社会資源をどのようにして結びつけるか

　ケースワークでは，利用者のニーズを社会資源と結びつける，いわゆるケアマネジメントの技術が必要である．模擬的実践によって，相手のニーズを聞き出すとともに，利用できる社会資源を体系的に整理して相手に提示する方法について理解する．

　こうした点については，たった1回だけの授業で身につくものではもち

ろんない．しかし，水泳などの練習と同じく，実際に体験してみることによって，「身体で考える」きっかけを作ることが，何より重要なのである．

②集団及び家族への援助

集団援助技術（グループワーク）とは，意図的なプログラム活動を実践し，グループ成員相互の情緒的交流を通じて，個人の成長をめざす援助技術である．ここでは，生徒がグループワーカーとグループメンバーの役をそれぞれ体験し，その意義と効果について理解させる．授業においては，次の点がポイントとなろう．

・プログラムの効果

グループワークでは，対象となるグループに応じたプログラムを準備する必要がある．授業では，対象者を老人・知的障害者・身体障害者・精神障害者，さらに問題を抱える家族などに設定し，模擬的に実践するとともに，その実践が，設定した対象者に真に有効かどうかを討論する．

・グループ内の人間関係の理解

グループワークでは，メンバーどうしの人間関係が重要であり，グループワーカーは常にメンバー同志の関係を把握するよう努めなければならない．こうした点についての配慮ができていたかどうかについても，体験後のフィードバックで話し合うとよいであろう．

③地域を基盤とした援助

地域援助技術（コミュニティワーク）は，地域における住民の福祉ニーズを把握し，その解決に向けて，地域にある社会資源を活用したり，もしくは新しく社会資源を開発していく援助技術である．授業においては，地

域の社会資源の活用などは現実的ではないので,地域における福祉ニーズの把握と,その解決策についてのディスカッション等が授業の中心となる.実際に町に出て,高齢者・障害者の視点でバリアフリー度をチェックしたり,その結果を話し合うなどの方法が効果的である.

(3) レクリエーションの考え方と展開
①レクリエーションと社会福祉

社会福祉において,レクリエーション活動は非常に重要な意味をもつ.上記の集団援助技術においても,レクリエーションはプログラムとして重要な意義を有している.また,福祉施設等においては,利用者の日常生活を充実したものとするために,レクリエーションに重点がおかれている.ここでは,福祉施設等におけるレクリエーションの実践事例を紹介し,福祉分野における意義について理解させる.

②レクリエーションの展開と実際

施設等で行われているレクリエーション活動を,実際に体験してみることで,その重要性について考える.具体的プログラムは,「集団及び家族への援助」における授業展開に準じるとよいであろう.

(4) コミュニケーションの技法
①コミュニケーションの方法と実際

福祉援助活動では,利用者といかにうまくコミュニケーションを図るかが成否の鍵を握ることになる.ここでは,コミュニケーションの方法にはどのようなものがあるのか,また,それらはどのような場面で活用できるのかについて理解させる.

コミュニケーション技法には,大別して次の2つがある.

・言葉によるコミュニケーション（バーバル・コミュニケーション）
　話し言葉や書き言葉を通じてのコミュニケーション．通常，人間は言葉で相手の示す内容を理解する．コミュニケーションの基礎であり，福祉援助でも，面接や記録等による伝達が重視される．

・言葉以外のコミュニケーション（ノンバーバル・コミュニケーション）
　言葉以外のもの，例えば身ぶり・手振りや表情，沈黙などによる意思の伝達である．これらの方法も，言葉に劣らない重要な役割を有している．援助者は，特にこうしたノンバーバル・コミュニケーションに注目することで，利用者の本当の気持ちを理解することが重要である．

　授業では，これらの方法を生徒同士で相互に体験させ，その重要性について考えさせる．

②点字，手話
　点字・手話は，視覚・聴覚障害者のコミュニケーション手段の中心である．特定の感覚器官に障害を有する人は，それ以外の感覚器官を通じてコミュニケーションを図っている．そして，これらのコミュニケーション手段は，当事者にとっては1つの文化ともなっている．授業では，感覚器官に障害を持つとはどういうことかを，実際に体験させてみると同時に，これらのコミュニケーション手段の重要性について理解させる．

── Point ──
☞ 1. 技法の意義や役割，内容を説明する際には，事例集を積極的に活用して，具体性をもたせる工夫が重要である．
☞ 2. 社会福祉援助技術の実際については，ロールプレイやプログラムの模擬的実践，生徒自身による体験的調査など，「身体で考える」授業展開が中心となる．

Ⅱ.「社会福祉援助技術」の教材研究

1. 社会福祉援助活動の意義と方法

　社会福祉援助活動は，あくまで実践活動である．「社会福祉援助活動の意義」「社会福祉援助技術の概要」においては，抽象的な説明に終わっては，生徒はその内容をよく理解できないであろう．そこで，できるだけ実例に基づいて解説するのが望ましい．実例に関しては，いくつか出版されている社会福祉援助の事例集を用いて，各援助技術の意義と，その具体的方法を解説するとよい．

　事例集には，次のようなものがある．

　１ 川村隆彦著『事例と演習を通して学ぶソーシャルワーク』（中央法
　　規，2003年）

　本書は，技術の領域別に実例を取り上げて解説し，さらにその意義や専門職として必要な価値観・倫理観についてもふれられており，ソーシャルワークの実際をイメージしやすい．

　２ 日本社会福祉士会編『社会福祉士実践事例集』（中央法規，1994年）
　３ 日本社会福祉士会編『社会福祉士実践事例集Ⅱ』（中央法規，2001年）

　大学における社会福祉士養成教育のテキストとして執筆されているが，事例がコンパクトにまとめられており，福祉現場での実践内容が把握しやすい．

2. 社会福祉援助技術の方法と実際

(1) 個別的な援助

授業では，次の2段階での展開が効果的である．

・第1段階　1対1での模擬的面接

　生徒を1対1でそれぞれ向き合わせ，お互いに相談者と援助者の役割をとらせる．相談者は，自分の困っていることを相談し，援助者は，それを受けて自分なりに解決策を提示する．終了後には，面接内容について振り返り，よかった点や，変えた方が良い点などについて話し合う．

・第2段階　ロールプレイ

　1対1の面接場面を，教室で代表者が演じ，それを生徒が周りで観察する．終了後には，生徒同士で，面接の意義や内容についてのディスカッションを行わせる．

　こうしたロールプレイについては，次のようなビデオ教材が役立つであろう．

　① 『面接への招待1・2』（中央法規，各巻約60分，2002年）
　　在宅介護支援センターでの個別援助場面の例を通じ，面接の意義とその方法の是非についてわかりやすくまとめられている．

(2) 集団及び家族への援助

　生徒数名をグループワーカー役に設定し，それ以外の生徒をグループワークの参加メンバーとして，授業内で模擬的実践を行わせると，その意義と効果が実体験として理解できる．グループワークの対象は，身体障害者

や知的障害者，精神障害者，さらに高齢者や問題を抱える家族などに設定する．メンバー数は1グループあたり5～10名程度が望ましいので，クラスの規模によっては，グループを複数設けるのもよい．

　教師は，プログラム計画表を事前に準備し，グループワーカー役の生徒にそれを配布して，グループワークのプログラムを記入させる．グループワーカー役の生徒は，当日それを実行することになる．メンバーは，当事者になったつもりでプログラムに参加し，終了後にはその効果と改善すべき点などについてディスカッションを行う．グループワークは，やりっぱなしではなく，計画表に実施後の話し合いの結果をまとめさせ，全員に配布して，次のグループワークに生かすなどのフィードバックが大切である．こうしたグループワークを行うにあたっては，次のような図書が参考になる．

　1 篠田峯子訳『身ぶりで語ろう第5版　適応・時間別54の治療ゲーム集』(協同医書出版社，1994年)
　2 今井弘雄著『ちょっとしたボケ防止のための言葉遊び＆思考ゲーム集』(黎明書房，2002年)
　グループワーク実践に有効なゲームやそのプログラムの実例が豊富に掲載されている．

(3) 地域を基盤とした援助

　当該地域における福祉の現状を実体験させることを目的に，授業を組み立てる．次のような2つの展開が効果的であろう．

・地域福祉調査

　当該市町村の福祉サービスについて，市町村の広報やサービスガイド，ホームページなどで調べさせる．また，近隣の市町村や，都市部・農村部

の市町村のホームページなどで，当地の福祉サービスを調べさせ，地域の実情によるニーズとサービスの違いや，自分の住む市町村の福祉サービスの実際を把握させる．

・体験的調査

街中に出て，福祉ニーズを持つ人の視点から，町の現状を把握する．車椅子や視覚障害者用の安全杖が準備されている学校では，実際にそれを校外で試用するとより効果的である．

以上のような取り組みを行い，その結果を「福祉マップ」としてまとめさせ，それをもとにディスカッションすると，体験がより明確に整理できる．

3. レクリエーションの考え方と展開

(1) レクリエーションと社会福祉

福祉現場で実践されているレクリエーションとその意義・効果を，事例集の実例に基づいて解説する．次のような図書が参考になるであろう．

　　① 『やさしいレクリエーション実践』(日本レクリエーション協会，2000年)
　　② 福祉レクリエーション・ワーカー研究協議会編『福祉レクリエーション実践マニュアル』(中央法規，1994年)

福祉分野におけるレクリエーションの意義とその具体的展開について，実例に基づきながらわかりやすく解説されている．

(2) レクリエーションの展開と実際

「集団及び家族への援助」の項で示したような実践を，授業の中で展開す

ることにより，体験的に把握させることが効果的であろう．

4. コミュニケーションの技法

(1) コミュニケーションの方法と実際

　Ⅰ-2-(4)で示したコミュニケーション方法を実体験させることで，その重要性を把握させる．次のような展開が効果的であろう．

(例) サイレント・コミュニケーション
　生徒を1対1でペアにして向き合せる．各自で「今日，朝から今までに行った行為」「この学年での自分の抱負」等のテーマを与え，それを音声なしで相手に伝えさせる．言葉は使用禁止とし，それ以外のすべてのコミュニケーション技法を使って伝達の努力を行わせ，終了後にどこまで伝わったか，どのような方法が効果的かを話し合わせる．こうした技法を使うことで，人間にとって言葉がいかに重要かを実感できるし，また言葉以外の方法でも，努力次第で伝わることが直接的に理解できるであろう．

(2) 点字，手話

　視覚・聴覚障害者にとって重要なコミュニケーション技法とその意義を実体験させる．次のような2段階の実践が効果的であろう．

・第1段階　障害模擬体験
　テレビで放映されている，副音声付きの任意のドラマを用いる．視覚障害の体験では，まず副音声をつけて，音だけでドラマを数分間鑑賞させる．そのあと，同じドラマを再度見せ，視覚の有無によるドラマの把握の仕方の違いや，副音声の効果を体験させる．聴覚障害の体験では，はじめに音

なしでドラマを見せ，その後，同じドラマを音つきで再度見せることによって，内容の理解がどのように異なるのかを確認させる．

こうした方法によって，視覚・聴覚障害の世界を模擬的に体験させ，障害者のコミュニケーション技法の重要性を把握させることができる．

・第2段階　点字・手話の授業

教師が点字や手話について知識や経験があれば，それに基づいて，生徒にそれを実体験させる．教師にそうした経験がない場合には，テレビの手話通訳番組や，点字で書かれた本などを教材として用い，その意義や必要性について解説するとよい．

――Point――
☞ 1. 事例集や事例についてのビデオ教材なども，体験を補足する上で有効であり，できるだけ用いることが望ましい．
☞ 2. 模擬的実践では，やりっぱなしではなく，生徒がその体験をより深く考察できるよう，企画・実践のための用紙や振り返りのためのワークシートを準備して配布する等の工夫も大切である．

Ⅲ.「社会福祉援助技術」の学習指導計画と評価の視点

　上記のような内容に基づく社会福祉援助技術の学習指導について，年間指導計画案，単元の学習指導案，1単位時間の学習指導案の実例を提示しておく．

1. 年間指導計画の例 （4単位・140時間を1年間で行う場合を想定）

学期	月	単元	指導内容	配当時間
1	4	1.社会福祉援助活動の意義と方法	(1)社会福祉援助活動の意義 (2)社会福祉援助技術の概要	4 6
	5	2.社会福祉援助技術の方法と実際	(1)個別的な援助	25
	6			
	7		(2)集団及び家族への援助	25
2	9			
	10		(3)地域を基盤とした援助	10
	11	3.レクリエーションの考え方と実際	(1)レクリエーションと社会福祉	10
	12		(2)レクリエーションの展開と実際	30
3	1			
	2	4.コミュニケーションの技法	(1)コミュニケーションの方法と実際	15
	3		(2)点字，手話	15

2.「社会福祉援助技術」の学習指導案例

「社会福祉援助技術」の学習指導案

指導教諭氏名　　○○○○　　印
教育実習生氏名　○○○○　　印

指導学級　　○年○組（生徒数○○人）
（男子○人，女子○人）

(1) 単元名
社会福祉援助技術の方法と実際

(2) 単元の目標
　社会福祉援助技術の具体的方法について，校内での模擬的実践経験を通じて体験的に理解させる．個別的な援助においては，援助の前提としての傾聴の技術や，面接における効果的な技法を身につけさせる．集団及び家族への援助では，グループで集団援助技術を模擬実践させ，その適用範囲と効果について理解させる．地域を基盤とした援助では，当該地域の福祉ニーズを自らの体験によって把握させ，解決の方法について考察させる．

(3) 単元設定の理由
　社会福祉援助技術は，知識だけで身につくものではない．技術を体得するには，実践が何より重要である．学習指導要領でも，擬似場面の設定やプログラム活動等を重視している．本単元では，ことに実践性が重視され，

社会福祉援助技術の中核となると考えられるため，ここで単元として設定した．授業では，実例を中心とした教材を用い，さらに生徒がそれを模擬体験できるような機材をできるだけ用いていきたい．

「社会福祉基礎」や「社会福祉制度」等の授業によって，生徒は福祉に関する必要最低限の知識をすでに身につけている．そうした知識は，模擬的実践を通じて，生きた知識へと転換させることが重要である．本単元では，生徒の主体性を重視しつつ，福祉についての体験的視点を身につけさせていきたい．

教師は，授業の中にあって，ファシリテーターの役割をとることが重要である．年間の授業が，いわば1つのグループワークであり，その中で，生徒が自己理解や他者への共感的理解を深め，その上で，社会福祉援助技術を体験的に身につけられるよう，配慮することが求められる．

(4) 単元指導計画 (60時間扱い)

時間	学習活動	指導上の配慮事項
(25時間) 10時間	1.個別的な援助 (1) 1対1での模擬的面接	・単なる「日常会話」「雑談」にならないよう，事前にポイントを整理する用紙を配布し，記入させる．相談側は「何に困っているのか」を明確にし，援助側は相談側の抱える問題点を整理しつつ，具体的解決策を考えるよう指導する．
15時間	(2) ロールプレイ	・相談役と援助役の生徒を決め，机をはさんで向かい合わせに座らせ，相談援助場面を実演させる．残りの生徒はそれを取り巻くように座らせ，ロールプレイを注視させる．終了後，傾聴・援助技法の是非について全員でディスカッションする．1組が終わったら，その内容も踏まえ，次の組に実施させる．

時間	学習活動	指導上の配慮事項
(25時間)	2.集団及び家族への援助 (グループワークにおけるプログラム活動の企画・実践)	・事前にグループワーカー役の生徒（数名）と，当日のグループワークの対象（身体障害者，知的障害者，痴呆性老人など）を決め，グループワーカー役の生徒に企画用紙を配布する．グループワーカー役の生徒は，対象に合ったプログラムを皆で企画し，当日それを実践する．グループワーカーは，活動が単なる「遊び」にならないよう，常に参加メンバーの様子を観察することを心がける．
(10時間) 4時間	3.地域を基盤とした援助 (1)地域福祉調査	・自宅もしくは学校のパソコンで，居住地の市町村の福祉に関するサービスを調べ，教室に持参する．また，市町村の広報があれば，それも持参する．さらに，近隣や農村部・都市部の市町村についても，インターネットで調査させる． ・教室では，生徒を数グループに分け，グループごとに，当該地域の市町村と，それ以外の市町村の「福祉資源マップ」を作成させ，発表させる．特に，生徒が資源の現状と課題について考察できるよう，グループ内の話し合いを重視する．
6時間	(2)体験的調査	・生徒を複数のグループに分け，学校の近くの公園や公共的建築物などを訪れ，バリアフリー化の状況などを調査させる．できるだけ車椅子や視覚障害者用の安全杖を試用するなど，具体的に体験させることがポイントである．帰校後，各グループで「地域福祉マップ」を作成し，体験発表させる．

(5) 本時の指導計画
① 指導日時
平成○年○月○日（○曜日）○校時

② 本時の主題
グループワークの模擬的実践．生徒によるグループワークの企画・実施を通じ，グループワークの重要性を実感させる．

本時の生徒によるグループワークの主題：車椅子使用の障害者と健常者の交流を促進する．参加者役の生徒は，健常者役と身体障害者役の2つの役割に分け，相互交流の重要性を理解させる．

③ 本時の位置
「社会福祉援助技術の方法と実際」（60時間）の35時間目

④ 本時の指導目標
利用者役の生徒には，車椅子を実体験させることで，身体障害者の日常生活について考えさせる．グループワーカー役の生徒には，ワーカーとして必要な視点や配慮事項について体験的に理解させる．

⑤ 本時の展開

指導課程	時間	学習内容	指導上の留意点
導入	8分	1.グループワーカー役の生徒による本時のプログラムの説明，役割分担の説明，車椅子使用方法の説明	・参加者ができるだけ役割を明確にイメージし，プログラムがスムーズに運ぶために，事前の説明は非常に重要である．わからない点などは積極的に質問させるようにする．

指導課程	時間	学習内容	指導上の留意点
展開	30分	2.生徒によるグループワーク実践 (1)自己紹介 ・示された役割に基づいて，相互に自己紹介する． (2)車椅子ダンス ・音楽に合わせ，健常者役と身体障害者役の生徒がペアになって，ダンスを行う． (3)プレゼント・カード作成 ・ペアになった相手に対し，心をこめてカードを作成する．両手が不自由な身体障害者役の生徒は，口で字を書くなどの工夫をする．	・展開時には，生徒がグループワーカーであり，生徒の自主的運営に任せる．教師は，グループワーカーが配慮すべき点を配慮できているかどうかを観察し，アドバイスするなど，側面的援助に徹する．
まとめ	12分	3.まとめ (1)グループワーカーによる振り返り (2)参加者による振り返り (3)教師によるコメント	・グループワーカー，参加者双方から感想を聞くことで，次のグループワーク実践につなげる．さらにグループワーカー役の生徒には，まとめの結果を企画用紙に記入させ，教師は次の授業においてそれを全員に配布してフィードバックする．

⑥**本時の資料**

(a) グループワーク企画・実践用紙：グループワークの主題とその目的，準備するもの，当日の時間別プログラムなどについて事前に準備するための用紙．実施後のまとめを記入するスペースも作っておく．

(b) グループワークのプログラムの実例：上記のテキスト等に紹介されているプログラムの実例を，生徒が準備の参考にするために用いる．

⑦評価の観点

　社会福祉援助技術は，実践がいのちである．したがって，評価においても，生徒の授業への参加が評価の重要なポイントとなる．授業への出席はもちろん，各プログラムへの取り組み状況，課題の提出状況，参加姿勢などを総合的に評価する．教師は，生徒の模擬的実践を見守りつつ，生徒の参加状況について観察を怠らずに指導し，評価していく姿勢が大切である．

【引用・参考文献】
[1] 駒澤大学社会福祉実習委員会編『社会福祉援助技術現場実習　実習要綱』（駒澤大学，2001年）

第 7 講

「基礎介護」の教育法

Ⅰ.「基礎介護」の目標と内容

1. 目標とねらい

　基礎介護では，社会福祉における介護の意義および高齢者と障害者における介護の役割を理解させ，介護に関する基礎的な知識と技術を習得させるとともに，介護を適切に行う能力と態度を育てることを目標とする．

　この科目は，多様なニーズをもつ高齢者や障害者の自立した生活を支援するために，介護に関する安全性・自立性・個別性を尊重したよりきめ細やかな介護サービスが提供できるように努力し，向上しようとする積極的な態度を育てることをねらいとする．

　近年，わが国は少子高齢化が急速に進み，介護を必要としている高齢者や障害者が増加の傾向にある．しかし，核家族の増加，3世代家族の減少など家族形態の変容によって，身近に高齢者や障害者と接する機会が少なくなり，その生活実態をイメージすることも困難になった．介護を必要とする高齢者や障害者を特別な存在ととらえ，介護そのものも現在の自分の生活には関係のないものと考えられていると思われる．

　人はあることができないとしても，他にもさまざまな可能性をもっているものであり，ただひとつの価値観だけで人を判断すべきではない．基礎

介護を通し，人としての生きる意味や人間存在の重さ，命の尊さを理解させることが重要である．それと同時に，自分自身を大切にし，自分の愛する人たち・家族を思いやる気持ちやいたわる気持ちをはぐくむことにもつながるものである．

2. 内容

基礎介護の以下の5項目で構成されている．
(1) 介護の意義と役割
　　ア　介護の意義
　　イ　介護の分野
　　ウ　介護の過程
　　エ　介護従事者の倫理
(2) 高齢者の生活と心身の特徴
　　ア　高齢者の生活と介護
　　イ　加齢に伴う心身の変化
(3) 障害者の生活と心理
　　ア　障害者の生活と介護
　　イ　障害者の心理
(4) 自立生活支援と介護
　　ア　自立生活の概念
　　イ　自立生活とリハビリテーション
(5) 地域生活を支えるシステム
　　ア　保健・医療・福祉の連携の在り方と実際
　　イ　在宅サービスと施設サービス

(高等学校学習指導要領「福祉」)

II.「基礎介護」の教材研究

1. 介護の意義と役割

(1) 介護の意義

　介護の意義について，社会福祉サービス利用者の個別化，自立生活の支援，自己決定などを取り上げ，介護の目的と役割，重要性について理解させたい．

　介護の法的な定義や役割のなど介護の目的を明確にする必要がある．そのなかで，個別性の重視，自立生活の支援，自己決定の尊重などの重要性について理解させたい．

　介護という言葉は比較的新しいもので，公的には1961（昭和36）年の児童扶養手当法施行令で「介護」という言葉が登場し，1963（昭和38）年の老人福祉法で特別養護老人ホームの機能を説明する概念として用いられるようになった．看護に対して「介護」という言葉には，当初素人が行うというニュアンスが含まれていたが，高齢化社会の進展，社会的ニーズの高まりから，介護業務の専門性が要求されるようになり，1987年（昭和62）「社会福祉士及び介護福祉士法」が制定された．この法では，身体上の障害があることにより日常生活を営むのに支障がある者につき入浴，排泄，食事その他の介護を行い，ならびにその者およびその介護者に対して介護に関する指導を行うことを「介護等」として示している．

　「介護」と「看護」は，もともとその言葉の源は同じといわれている．この2つの言葉は，近代医学の進歩や高齢化社会の進展の中で，その役割に応じて「療養上のお世話」は介護，「診療の補助」は看護と必然的に二分されてきた．しかし，日常の援助という意味においては，両者の業務は重

> 【生活を整える基本的ニーズ】
> 　　　　　　　　　　V.ヘンダーソン（アメリカ，1897～1996年）
> ・正常に呼吸ができる．
> ・適切な飲食ができる．
> ・正しい排泄ができる．
> ・体を動かし，適切な体位がとれる（歩行，座位，臥床，体位交換など）．
> ・睡眠と休養をとることができる．
> ・適切な衣類を選択し，脱着ができる．
> ・環境を調整して，体温を正常に保てる．
> ・身体を清潔にし，身だしなみを整え，皮膚を清潔に保護することができる．
> ・危険を避けることができ，危険から他人を守ることができる．
> ・自分の感情，ニーズ，恐怖などを語って，他人と交流がはかれる．
> ・宗教を信仰することができる．
> ・達成感を得るような生産的活動ができる．
> ・遊ぶことができ，レクリエーション活動ができる．
> ・学習を通して正常な発達や健康がはかれる．

なっている．

　ここでは，看護・介護の基礎を唱えた先人らの定義が，介護の役割を理解する上で有効な教材となる．上記の教材を使い，これらのニーズは現在の自分の生活の中で満たされているかを考え，満たされていない人たちのことにも思いを寄せるきっかけとする．介護が必要となった人たちも，これらのニーズが満たされる権利をもっている存在であることを理解させたい．

(2) 介護の分野

　介護提供の場における介護活動として，家庭・地域・社会福祉施設・医療機関などの介護活動の場を取り上げ，介護の質を向上させるための方法

や社会資源の活用などについて理解させたい．

「介護はどこで行われるか」そういう問いを生徒にしたとき，どのような答えが返ってくるだろうか．要介護状態の同居家族がいた場合はともかく，多くの生徒は社会福祉施設をイメージするのではないのだろうか．しかし，介護が必要となった高齢者や障害者は，地域や一般社会から分離した施設などで生活を営むことは普通のことなのだろうか．人間は誰しも自分らしく生きたいと願い，自分のことが自分でできなくなったとしても，できれば，今まで住み慣れた場所や環境のなかでなじみの人たちとともに暮らしたいと考えるのは当然のことである．これは，ノーマライゼーションの考え方である．介護は限定された場所で行われるものではなく，本人や家族の生活を支えるため，その範囲は多様化している．介護そのものだけでなく，住環境の整備，福祉用具の活用，地域の人々との交流，福祉コミュニティの形成，福祉教育など介護活動の広がりが，利用者の生活の質の向上に深く係わっていくことになる．

介護の現場を見学したりビデオ教材を活用することによって，在宅介護，施設介護の具体的な内容をイメージさせ，そこではどのような職種の人たちが具体的に係わっているかを理解させたい．

(3) 介護の過程

介護活動を展開するために必要な社会福祉サービス利用者がもっている問題の把握，解決のための目標設定，介護計画の立案，実践，評価，フォローアップまでの一連の介護の過程について理解させたい．また，介護記録の方法や介護情報の共有化の重要性について理解させたい．

専門職の介護は，その場の思いつきで行われたり，介護職の価値観で行われるものではない．①問題（ニーズ）の把握・目標の設定，②介護計画の立案，③実施，④評価・フォローアップ，という4つの過程を繰り返し

介護が行われる．「問題（ニーズ）の把握」は，単にできないこと，困っていること調べることではない．利用者の情報を集め，自分らしい生活を送るために必要とされる事柄を見出すことがニーズの把握である．「目標の設定」では，利用者や家族が希望し，介護する専門的立場から必要とされる長期目標と短期目標をあげ，その内容は測定可能・達成可能なものとする．「介護計画の立案」では，サービスの内容，だれがサービスを提供するか，いつ提供するかなど具体的に立案していく．「実施」では，計画

【例】高校生の場合

①問題（ニーズ）の把握
　「最近成績が落ちていて，これでは志望の大学に合格できるか不安である．
　　ぜひ，志望の大学に合格したい」
　目標の設定
　　長期目標「志望の大学合格」
　　短期目標「次回の校内試験で，10番以内に入る」
②介護計画（勉強の計画）の立案
　(a) 毎日2時間は勉強する．
　(b) 苦手な英語と数学は，市販の問題集を解く．
　(c) 主要教科の復習は必ず行う．
③実施
　勉強の計画に沿って実施する．
④評価・フォローアップ
　校内模試の結果が，まず評価になる．「10番以内に入る」という目標が達成されていたら，長期目標に向けて，次の短期目標を立てる．目標が達成されていなかったら，再度ニーズの把握に努め，「毎日3時間は勉強する」というように勉強の計画を立て直したり，「校内試験で20番以内に入る」というように短期目標の設定を変更する．

に沿って介護サービスを実際に提供する．「評価・フォローアップ」では，介護行為の結果について，利用者の満足度も含め，総合的に判定を下すことである．介護の結果が予測と違うのは，ニーズの把握が不十分，不正確であったか，利用者の状況が変わったことなどの原因が考えられる．その場合は，実績を踏まえて必要な段階に戻って修正し，再び実施する．

　授業の中では，生徒同士2人1組になって，コミュニケーションを通し，お互いの高校生活における目標の設定を行い，模擬的に介護の過程を体験させたい．

(4) 介護従事者の倫理

　社会福祉サービス利用者のプライバシー保護や基本的人権尊重の精神，自立支援などを取り上げ，介護従事者としての責任と任務，専門性と基本姿勢など，介護従事者として必要な倫理と態度を理解させたい．

　保健・医療・福祉に従事する人は，人の不安・悩み・悲しみ・痛みに直接に接し，利用者のかけがいのない一回限りの人生が充実したものになれるよう援助するという重大な役割を担っている．そのため，人格的，倫理的責任が大きいものであるといえる．専門職である医師，看護師，介護福祉士，ソーシャルワーカー，弁護士等には，単なる心がけでなく，それぞれの専門性の存在の意義と役割を明確にした綱領を有している．1987（昭和62）年に「社会福祉士及び介護福祉士法」が制定され，介護福祉士が誕生し，介護の専門性が公的に認められることになった．同法において「義務等」として，①信用失墜行為の禁止，②秘密保持義務，③連携，④名称の使用制限が述べられている．1995（平成7）年日本介護福祉士会は「日本介護福祉士会倫理綱領」を定めた．そこには，①利用者本位，自立支援，②専門的サービスの提供，③プライバシーの保護，④総合的サービスの提供と積極的な連携，協力，⑤利用者ニーズの代弁，⑥地域福祉の

推進，⑦後継者の育成が述べられている．1982年（昭和57）日本ホームヘルパー協会は「ヘルパー憲章」を制定している．

これら，介護従事者の綱領などは，介護従事者の倫理を理解する上での教材として有効に活用することができる．

2000（平成12）年には「社会福祉の増進のための社会福祉事業法等の一部を改正する法律」が成立し，社会福祉事業法は社会福祉法に改正された．そこでは，サービスの質の向上が示され，福祉サービスに必要な専門的な知識や技術の習得だけでなく，権利擁護に関する高い意識をもち，豊かな感性を備えた信頼される人材がなおいっそう求められることになった．

Point

☞ *1.* 介護とは，身体的な介護をさすだけではない．
☞ *2.* 介護は，利用者と家族への両面に目を向ける．
☞ *3.* 介護は，利用者主体で行われる．
☞ *4.* 介護は思いつきで行うものでなく，計画性をもつものである．
☞ *5.* 介護従事者は，高い専門性を求められる．

---

2. 高齢者の生活と心理の特徴

ここでは，生きがいに満ちた心豊かな生活を実現させるための支援のあり方や加齢による心身の変化とその特徴などについて取り扱い，生活上の不安や困難を除くことだけにとらわれず，その予防を含めた適応の方法について理解させることをねらいとしている．

(1) 高齢者の生活と介護

高齢になることにより生ずる生活上の変化について理解させるととも

に，日常生活の援助として基本的な介護技術を身に付けさせ，介護技術を総合的に活用することの必要性を理解させたい．

また，それらに適応し，高齢者が生きがいをもって生活できるように援助する方法を考えさせたい．

介護の内容としては，生理的な直接介護として，食事・排泄・入浴・清拭・移乗・移動・着脱・整容などがあり，周辺的な家事援助として，調理・買い物・掃除・洗濯・衣類の修繕・ベッドメイキングなどがある．さらに，社会的に複雑で広がりのある生活ためには，役所・銀行・郵便局などの公共的機関の利用や医療機関での受診・薬の受け取りなども必要不可欠であり，それらも介護の範囲に含まれる．また，家族・友人・地域の人々との交流，趣味の活動，レクリエーション活動，教養・教育活動など，高齢者の生きがいの面での活動は，高齢者一人ひとり多様な希望や要望があって反映されるものである．そうした活動に参加できるよう支援することも，広い意味で介護の範囲に含まれると考えられる．

授業では，生徒同士をモデルにした介護を行う実習が中心になる．ただ単に効率よく手際よく介護ができる技術を身につけることだけが目標ではない．生徒同士介護する側，介護される側の体験を通し，相手の立場に立つ，利用者主体を実感することを目標とする．介護技術実習の後には，必ず「介護する側」の感想，「介護される側」の感想を書かせるなどして，振り返りを行うことが大切である．

(2) 加齢に伴う心身の変化

人間の成長発達と心理的理解，加齢に伴う身体的機能の低下と心理的影響などについて取り上げ，そのことによって引き起こされる疾病や障害，その予防について理解させたい．

また，寝たきりや痴呆，虚弱について触れながら，生活習慣をできるだ

け維持し，生活の質が高められるようにする高齢者介護の特質について理解させたい．

高齢期に入ると，身体や健康状態の変化，社会的な役割の変化，精神面や知的能力の変化など，加齢に伴い個人差はあるものの，さまざまな変化がみられるようになる．高齢者のなかでも介護が必要な寝たきりや痴呆性高齢者，虚弱高齢者の生活について，事例やビデオを通し理解を深める．また，特殊ゴーグル，耳栓，手首・足首用の重りなどの高齢者体験セットを身につけ，実際に学校の中を歩いたり，自分たちが普段利用している自動販売機などを使ってみる．高齢者の行動の不自由さを擬似体験することにより，高齢者の立場に立った介護のあり方を学ぶとともに，高齢者に優しい地域や建物のあり方やバリアフリー環境整備の必要性について学ぶことができる．

図7-1　高齢者体験セット

Point

1. 高齢者の心身の変化だけでなく，高齢期の生活の変化を理解する．
2. 心身の変化，生活の変化には個人差があることを理解する．
3. 高齢者の支援・援助には自立生活支援の視点が必要である．
4. 基本的な介護技術を身につける．
5. 介護される体験を通し，介護を受ける高齢者の気持ちに近づく．

---

3. 障害者の生活と心理

ここでは，障害の概念やその実態について取り扱い，人間が心身の相互作用によって生きている存在であることを理解させるとともに，障害が及

ぼす心理的影響および個に応じたサービス提供の重要性について理解させることをねらいとしている．

(1) 障害者の生活と介護

　障害の概念と各障害の特徴について取り上げ，障害によって生ずる生活上の問題を理解させるとともに，日常生活の援助として基本的な介護技術を身に付け，介護技術を総合的に活用することの必要性を理解させたい．

　また，それらに適応し，障害者が自己実現を目指して生活できる援助方法を考えさせたい．

　近年，障害者の存在と彼らの抱える問題は，広く社会に知られるようになったが，実際に障害者を前にすると，何をどのように援助すれば迷うこともめずらしくない．適切な介護のためには，障害によってどのような点が制限を受けているか，それは何によって補えるかを理解しなくてはいけない．授業のなかで，生徒同士ガイド役（介助する側）とブラインド役（視覚障害者）になり，視覚障害者へ対する適切な誘導方法を学ぶとともに，視覚障害者の気持ちを理解させたい．アイマスクをして実際歩く体験を通して，どのように感じたか，またどのような誘導をしてほしいと感じたか，話し合う．

　また，障害別によるコミュニケーション技法を学ぶために，聴覚障害者のコミュニケーション手段のひとつである手話，視覚障害者のコミュニケーション手段のひとつである点字を，外部講師を迎え，教材とし体験する方法がある．より実践的な教材になり得るために，外部講師には手話通訳者や障害者自身に依頼するとよいだろう．

(2) 障害者の心理

　障害が及ぼす心理的影響や障害の受容などについて取り上げ，先天性障

害と中途障害，重度障害と中・軽度障害などさまざまな障害に応じた介護の特質について理解させる．

先天障害者である乙武広匡さん著の『五体不満足』(講談社，1998年)，中途障害者である鈴木ひとみさん著の『命をくれたキス』(小学館，2000年)など障害自身が出版した本などを教材に使い，障害の受容の過程や生活について理解させる．

Point
- *1.* 障害の種類について学ぶ．
- *2.* それぞれの障害にあった介護の基本を学ぶ．
- *3.* 障害の内容により，コミュニケーション技法の多様性を理解する．
- *4.* 障害者の抱える問題が周囲の無理解や偏見によって生じることが多いことを理解する．
- *5.* 障害者は，不便ではあるが，不幸な存在でないことに気づく．
---

4. 自立生活支援と介護

ここでは，自己決定の意義や生活の質の向上，リハビリテーションなどについて取り扱い，自立生活が人間の成長，発達に欠かせないものであることやリハビリテーションの概要を理解させるとともに，多様な自立生活を支援する介護のあり方について「社会福祉実習」との連携を図りながら具体的に理解させることをねらいとしている．

(1) 自立生活の概念

基本的人権尊重の精神に基づき，充実した人生を築き上げるための自立の考え方，リハビリテーション，自己決定，生活の質の向上などを取り上

げ，自立生活の概念とその重要性を理解させたい．

まず，「自立」に対するイメージを話し合う．「自分のことは誰にも頼らないで生活すること」「自分の稼いだお金で生活すること」など，生徒たちは口にするだろう．しかし，これは健常者の考える自立であって，介護従事者になったとき，私たちを基準にして強引に援助してしまうことにもなりかねない．これは，援助者が主体となる介護である．「誰かに頼らない生き方」が人間として至上の生き方ではなく，「誰かに頼りながらも自分が（で）生きていく」という「自分自身が主人公になる生き方」こそ，現代の自立生活の概念と捉えることができる．

ここでは，教材として，自立に向けて障害者自身の取り組みの新聞記事を使う．生徒が考える自立と，障害者自身が考える自立の違いに気づき，利用者主体の自立生活の概念を理解させたい．障害者の自己決定をどう支援していくのかが，介護従事者にとって大切なことである．

(2) 自立生活とリハビリテーション

自己決定に基づいて自分の生活を主体的に管理することの重要性や自立生活について理解させるとともに，自立生活を支援する援助方法としてリハビリテーションの概念とその基本原則，展開過程などについて理解させたい．

介護とは，人間の限りない可能性を引き出し，主体的に生きる力，自分らしく生きる力を高め，その人が成長し，自己実現することを支援することである．介護を必要としている高齢者や障害者のもっている潜在能力を最大限に伸ばし，身体的・精神的・社会的にも自立した人間として生活できるよう，あらゆる角度から支援する過程がリハビリテーションである．

社会福祉実習に行って，利用者を目の前にしたとき，学習の途中の生徒がまず考えがちなのは「わたしが何かしてあげたい」「わたしが何とかし

てあげたい」という気負いである．しかし，それでは，利用者は他人から「してもらう」存在になってしまう．介護従事者も社会資源の一部として捉え，いろいろな道具（車椅子，自助具など）や制度を用いても，自分が「できることをする」といったことが自立生活なのである．介護従事者は，そうした利用者を支え励まし，前向きに生活していくのだという意欲をもてるように支援していくことが大切なのである．

Point
☞ *1.* 利用者主体の自立生活支援．
☞ *2.* 残存能力の活用．
☞ *3.* 自己決定の尊重．
☞ *4.* 基本的人権の尊重．
☞ *5.* リハビリテーションの理解．

---

5. 地域生活を支えるシステム

　ここでは，地域における関連領域との連携のあり方や社会福祉サービスの提供方法について取り扱い，地域での自立生活を可能にするために，在宅サービスを中心とした社会資源や介護を提供し支援する地域福祉の重要性と高齢者や障害者並びに家族がともに生きていける社会システムの構築について理解させることをねらいとする．

(1) 保健・医療・福祉の連携の在り方と実際

　地域を支える保健・医療・福祉関係機関の機能と役割を取り上げ，個々の対象者のニーズに合わせて関係諸機関との連携をとりながら支援するネットワークを確立させることの重要性について事例を用いながら理解させ

たい．

　人間は一人で生きていくことのできる存在ではなく，まわりの人に支えられ助け合い，かけがいのない存在として尊重され生きていくことの重要性を理解させたい．

　地域にある行政の窓口や社会福祉協議会，保健所，病院，社会福祉施設等に直接訪れ，パンフレットなどを収集することにより，地域にどのようなサービスがあるか理解することが必要である．

　介護保険制度におけるサービス担当者会議の様子を描いたビデオが有効な教材となる．福祉の分野ではケアマネジャー，ホームヘルパー，デイサービスの職員，行政のケースワーカーなど，保健・医療分野では医師，看護師，保健師など，多様なサービス機関，職員が入った会議のビデオがよい．ビデオを見て，介護を必要としている高齢者を支えるために，多くのサービス機関や職員が関わっていることを理解させたい．そして，それらが個々のサービスとして存在するのではなく，話し合いをもちながら，情報を共有し連携し合って利用者を支援していく過程を理解させたい．それぞれの専門家は，他職種の専門性を認め尊重し，さらに自分の専門分野の知識や技術に誇りをもち，対等な立場で介護に参加していくことが重要である．

　また，介護保険のサービスを利用している高齢者の事例を教材に使うのもよい．その場合は，上記の保健・医療・福祉のフォーマルサポートだけでなく，家族・友人・ボランティア・民生委員などのインフォーマルサポートが導入された事例のほうが，連携のあり方がより身近なものになる．

(2) 在宅サービスと施設サービス

　在宅サービスと施設サービスの特性や展開方法などについて理解させるとともに，家族支援などを含めた福祉サービスが総合的・計画的に提供される一元化の取り組みを取り上げ，その必要性を理解させたい．

在宅サービスと施設サービスの理解を図るため，生徒には授業の前に介護保険制度を中心とした情報収集を課題として出す．地域にある役所の介護保険課もしくは高齢福祉課の窓口を直接訪れ，一般市民を対象に配布されている介護保険制度におけるサービスが記載されているパンフレット等を集め，授業の中でどのようなサービスがあるかまとめる作業を行う．

　また，介護保険制度におけるケアマネジメントの中のケアプラン「週間サービス計画表」を具体的な教材として提示し，一人の高齢者の在宅生活を支えるために，サービスが効率よく計画的に提供されている実態を理解させたい．ショートステイやデイサービスのように施設において提供されるサービスは，家族が一時的に介護から離れ，心身ともにリフレッシュを図ることができ，家族支援につながっていくことを理解することも大切である．

　在宅サービスと施設サービスの種類や特性をそれぞれに理解することも大切だが，在宅サービスと施設サービスを単に比較することが目的ではない．

　施設サービスに関しては，プライバシーの尊重，自己決定の機会を増やすなど，利用者の人権に配慮した改善への取り組みがなされている現状に着目する．具体的には，個室がある，食事が選択できる，好きな時間に入浴・食事・外出ができる，自治組織があるなどの取り組みがみられる施設が増えつつある．また，少人数単位での共同生活の場であるユニットケア，グループホームなど，最近増えつつある福祉施設の実態を知る．ユニットケアとは，施設での生活単位を小さくし，流れ作業的な援助から利用者個々人に合わせた援助を暮らしとともに提供していく施設のことである．グループホームとは，地域のアパートやマンション，一戸建て住宅などで，知的障害者や高齢者などが何人かで一定の経済的な負担をしながら共同生活し，同居または近隣に住居する専任の世話人により，食事の提供や健康管理などの援助や相談などが行われる施設のことである．ユニットケアやグループホームの特徴を調べ，利用者の人権を尊重するための具体的な取

り組みについて理解させる．近隣にユニットケアやグループホームがあった場合，直接見学をすることが可能ならば実施するのがよいだろう．イメージしていた施設と家庭的な雰囲気をもつユニットケアやグループホームの違いを感じとることができる．

ユニットごとにキッチンが設置． 　　利用者の居室． 　　利用者がくつろぐ部屋．

図7-2　ユニットケア

グループホームの概観・少し大きめの一戸建て住宅のようである． 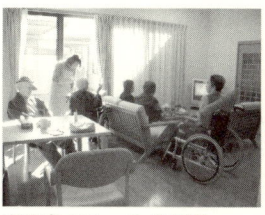　　利用者がくつろぐ部屋． 　　利用者・職員がいっしょに食事を作る．

図7-3　グループホーム

―Point―

☞ *1.* 自宅での生活を継続したいという，介護を要する人の願いを理解する．

☞ *2.* 保健・医療・福祉の連携を理解する．

☞ *3.* 自宅での生活を支援するために，さまざまな在宅サービスがパッケージされている具体例を知る．

☞ *4.* 施設から在宅への変化の動向を知る．

☞ *5.* 施設サービスを理解し，ユニットケア等最近の施設の動向を知る．

Ⅲ.「基礎介護」の学習指導計画と評価の視点

1. 年間指導計画の例 （4単位・140時間を1年間で行う場合を想定）

学期	月	単元	指導内容	配当時間
1	4	1.介護の意義と役割	(1) 介護の意義 (2) 介護の分野	7 8
	5		(3) 介護の過程 (4) 介護従事者の倫理	7 8
	6	2.高齢者の生活と心身の特徴	(1) 高齢者の生活と介護	30
	7			
2	9			
	10		(2) 加齢に伴う心身の変化	15
	11	3.障害者の生活と心理	(1) 障害者の生活と介護	20
	12			
3	1		(2) 障害者の心理	15
	2	4.自立生活支援と介護	(1) 自立生活の概念 (2) 自立生活とリハビリテーション	7 8
	3	5.地域生活を支えるシステム	(1) 保健・医療・福祉の連携の在り方と実際 (2) 在宅サービスと施設サービス	7 8

2.「基礎介護」の学習指導案

「基礎介護」の学習指導案例

　　　　　　　　　　　　　　　指導教諭氏名　　○○○○　　　印
　　　　　　　　　　　　　　　教育実習生氏名　　○○○○　　　印

　　　　　　　　　　　指導学級　　○年○組（生徒数○○人）
　　　　　　　　　　　　　　　　　（男子○人，女子○人）

(1) 単元名
高齢者の生活と心身の特徴

(2) 単元の目標
　高齢者が心身の健康を保持し，生きがいに満ちた心豊かな生活を実現させるための支援のあり方や加齢による心身の変化とその特徴などについて取り扱い，生活上の不安や困難を除くことだけにとらわれず，その予防を含めた適応の方法について理解させることを目標とする．

(3) 単元設定の理由
　介護というと，高齢者を対象に，「なんでもやってあげる」介護をイメージしがちである．介護とは，利用者の自立生活支援を目的とするものであることを，知識をふまえた上で，実習を通し理解を深めたい．
　また，生徒同士介護する側，介護される側の体験を通し，相手の立場に立つ，利用者主体の介護についての理解を深めたい．

(4) 単元指導計画 (45時間扱い)

時間	学習活動	指導上の配慮事項
(30時間) 4時間	1.高齢者の生活と介護 (1)生活の変化	・加齢に伴なう高齢者の心身・生活の変化を理解させる．
4時間	(2)人生の再構築	・高齢期の喪失の受け止め方は個人差があり，それぞれの生き方・生きがいに大きく影響が出ていることを理解させる．
22時間	(3)日常生活支援としての介護 ①リネン交換 ②体位交換 ③座位・立位 ④移乗 ⑤車椅子の操作 ⑥歩行 ⑦着脱・整容 ⑧入浴・清拭 ⑨排泄 ⑩食事 ⑪バイタルサインチェック	・介護をするには，自立支援の視点が必要であることを理解させた上で，実際に環境整備・体位交換・移動・食事・排泄・清潔保持・衣類の着脱などの基本的介護技術を実際に体験することによって習得させる． また，介護する側，介護される側の体験を通し，相手の立場に立つ，利用者主体を実感する機会を与える．
(15時間) 8時間	2.加齢に伴う心身の変化 (1)加齢に伴う身体的機能の変化	・人体を構成する主要な臓器の構造や機能の理解，そして加齢によってどのように変化し障害が発生するか理解させる． また，高齢者に起こりやすい疾病の特徴についても理解させる．
7時間	(2)加齢に伴う心理的影響	・老化に伴なう喪失感・失望感を理解し，心のケアをふくめ，それを防ぐための支援について学ぶ．

(5) 本時の指導計画

①指導日時

平成〇年〇月〇日（〇曜日）〇校時

②本時の主題

食事介護

③本時の位置

「高齢者の生活と心身の特徴」(45時間)の27,28時間目

④本時の指導目標

(a)実習に対し意欲的に望むことができる.

(b)食事を摂ることは,楽しみ・生きがいにつながることを理解する.

(c)高齢者の今までの生活習慣を尊重し,自立支援を意識した介護をすることができる.

(d)食事介護のポイントを確認し,意義や役割を理解する.

(e)介護する側・介護される側の立場を経験し,利用者主体の介護について理解する.

⑤本時の展開(2時間連続の授業とする)

指導課程	時間	学習内容	指導上の留意点
導入	10分	1.食事の意味について考える	・各自事前プリントを参考　食事は単に栄養を摂取するだけでなく,楽しみ・生きがいにつながるものである.
	15分	2.本時の学習内容を把握する	・食事介護をするポイントを,(食事の介護におけるチェックポイント)を配布した上で,教科書等を使って説明する.
展開	5分	3.自助具など介護用食器を実際に手にする	・要介護状態になっても,食器を工夫することによって自立できる可能性があることを理解させる.

指導課程	時間	学習内容	指導上の留意点
展開	5分	4.トロミ整調食品を使って，飲み物やみそ汁に実際トロミを作ってみる	・トロミ整調食品を実際に使用してトロミ食を作る経験をさせる．
	25分	5.食事介護の実習 　4で作ったトロミ食を実際に使用し，生徒2人1組になり，介護者・利用者と役割を決め，交互に食事介護の体験を行う．ギャッジベッド上，座位で姿勢を設定し実施する．（食事の介護におけるチェックポイント）に配慮したこと，気づいたことなど記入していく．	・姿勢の確保，テーブルのセッティング，食器・自助具の選択，手洗いなど，食事準備の大切さに気づかせる． ・声かけ，雰囲気作りの大切さに気づかせる． ・利用者の意志の確認はしているか．
	10分	6.口腔内ケアを行なう 　そのままの姿勢で，歯ブラシを使用し，口腔内ケアを行なう．	・食事介護は，食事の摂取の部分だけの介護をさすわけでなく，口腔内ケア，後片付けをふくめて食事介護であることを理解させる．
	10分	7．(介護技術実習後の感想プリント）を記入する	・トロミ食の食感，味に対する感想も書いておく． 介護を受ける人の気持ちについて考えさせる．
まとめ	20分	8.グループ活動 　5〜6人のグループになり，(介護技術実習後の感想プリント）を参考に，介護される側の立場になって，食事介護をする上でのポイントをまとめ，発表する．	・それぞれの生徒の意見を聞き，自分の体験，気づきをより深める． ・利用者の食事に対する意欲やコミュニケーションの大切さ，残存能力の活用について理解させる．

⑥ 本時の資料
(a) 教具
- ギャッジベッド，テーブル．
- お茶・ジュースなどの飲み物，みそ汁（インスタント可），トロミ整調食品．
- 食事用エプロン，汁茶碗，湯飲み，吸い飲み，おしぼり．
- 自助具（食器・スプーン・箸など），お盆，歯ブラシ，洗面器．

(b) プリント

（事前プリント）

前の授業の終わりにプリントを渡し，本授業までに書き込んでおく．
本授業前に，自分の食事に対する気づきを促す．

いつ （月日・時間）	月 日 ：	月 日 ：	月 日 ：
どこで （場所）			
誰と一緒に食べましたか．			
誰が作ったご飯ですか．			
何を （メニュー）			
感想			

(食事の介護におけるチェックポイント〜生徒用)

チェックポイント	配慮したところ，気がついたところ
食事のできる環境を整えましたか．	
手洗いを確認しましたか．（おしぼり可）	
食器，スプーン，自助具等の選択は適切でしたか．	
一口の量は適切でしたか．	
食事介助のスピードは適切でしたか．	
嚥下状態を確認しましたか．	
摂取量・温度を確認しましたか．	
適時に声かけを行いましたか．	
食後の後片付け，口腔内ケアを行いましたか．	

(介護技術実習後の感想プリント)

介護を受けて感じたこと． (利用の立場)	
介護をして難しかったこと．感じたこと． (介護者の立場)	

トロミ調整食品を使用する． 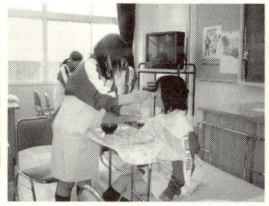 座位における食事介助． 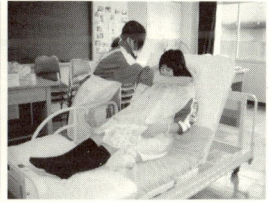 ギャッジベッドにおける食事介助．

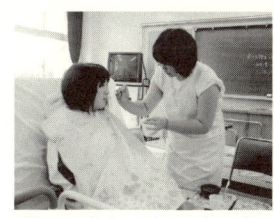

ギャッジベッドにおける食事介助． 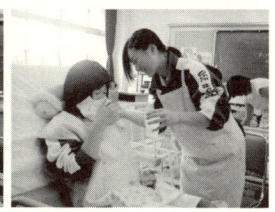 口腔内ケア．

図7-4　食事介助

⑦ 評価の観点

(a) 食事介護に関心をもち，意欲的に実習に取り組めたか．

(b) 食事介護の基本的な知識・技術を身につけることができたか．

(c) 介護される側の立場を経験することによって，利用者主体の介護について理解できたか．

【引用・参考文献】

[1] 小笠原祐次『介護の基本と考え方』(中央法規，1999年)

[2] 介護技術研究同好会編『基礎介護技術』(中央法規，1993年)

[3] 辻哲夫・外山義・大熊由紀子・高橋誠一・和田和典・泉田照雄著『ユニットケアのすすめ』(筒井書房，2002年)

[4] 福祉士養成講座編集委員会『介護概論』(中央法規，2002年)

[5] ホームヘルパー養成研修テキスト作成委員会編集『第1巻援助の基本視点と保健福

祉の制度』(長寿社会開発センター，2003年)
[6] ホームヘルパー養成研修テキスト作成委員会編集『第2巻利用者の理解・介護の知識と方法』(長寿社会開発センター，2003年)
[7] 牧田弘子・杉山せつ子共著『チェックリスト介護技術の要点』(建帛社，1993年)

【協力校】
[1] 茨城県立小瀬高等学校

【協力施設】
[1] 社会福祉法人　博友会　指定介護老人福祉施設　御前山フロイデガルデン
[2] 社会福祉法人　博友会　フロイデグループホーム桂

第 8 講
「社会福祉実習」の教育法

I. 「社会福祉実習」の目標と内容

1. 「社会福祉実習」の目標

　学習指導要領にはこの科目の目標として,「介護等に関する体験的な学習を通して,総合的な知識と技術を習得させ,社会福祉の向上を図る実践的な能力と態度を育てる」ことが掲げられている.また,この科目における具体的なねらいとして,(1) 社会福祉に関する各科目において習得した知識と技術の統合を図ること.(2) 主体的な学習態度を育てるため,社会福祉施設等における高齢者や障害者への総合的な介護活動等を通して,活動に必要な基本的知識と技術を習得し,実践力を身につけること.(3) 望ましい職業観,勤労観を育成すること,が示されている.
　これらのねらいを達成するためには,実習の前後における十分な指導の徹底に加えて,教科「福祉」を構成する他の6科目,なかでも「基礎介護」「社会福祉援助技術」「社会福祉演習」との密接な関連づけを意識した授業展開が必要である.そして,これらの点を踏まえた綿密な学習指導計画の立案と遂行によってはじめて,生徒の実習を通して体験するさまざまな学びを豊かで実りあるものにすることができる.なお,実習の前後における指導の徹底は,単に先に記したこの科目におけるねらいを達成するためだ

けでなく，生徒の実習先となる社会福祉施設等におけるサービスの利用者の権利性を尊重し，安全で快適な生活をまもるためにも極めて重要である．実習指導にあたっては，実習が利用者とその家族の理解と承諾の上に成り立っていることを十分に認識し，それにふさわしい態度の形成をめざしたい．

2．科目としての特徴

科目としての「社会福祉実習」の特徴を3つの点から解説したい．

第1点目は，この科目が社会福祉の知識や技術，倫理に関するさまざまな学びを土台にして，段階的に進行していく点である．実習は，生徒がこれまでに習得した知識や技術を体現する実学習の機会であり，また場面である．実習に至るまでの座学を中心とした学びが不十分な場合には，実習を通して得られる学びもまた，不確かで不十分なものとならざるを得ない．

第2点目として，この科目が地域社会にある社会福祉施設等の理解と協力を得ることにより，学びの場を校内から校外へと広げ，そこでの体験を軸として学習が展開していく点である．そのため，この科目においては，次代を担う人材をともに育成していくという責任を共有する学校と地域社会とのパートナーシップの確立とともに，生徒自らが主体的に学習に取り組む姿勢が不可欠となる．

第3点目として，教科全般を通して体験的学習を重視し実践力を身につけることを重んじる福祉教育の中でも，この「社会福祉実習」は特にその傾向が強い点である．学習指導要領には，福祉に関する各学科においては，原則として（中略）総授業時間数の10分の5以上を実験・実習に配当することが明記されており，体験的学習の機会を重視する姿勢が示されている．また，同じく学習指導要領には，実習等を重視することにより，生徒が「社会福祉に関する知識や技術を確実に身につけることができるととも

に，学習に対する適切な動機づけが可能となり，学習意欲を向上させることができる．さらに，既に学んだ知識や技術を活用して主体的・創造的に問題を解決することができることから，創造性を生み，実践的な技術を身につけさせることができるとともに，望ましい勤労観や職業観の育成が期待できる」ことが記されている．ただし，これらのことを可能にするためには，先述したように，実習に臨む上で求められる土台が形成されていること，すなわち社会福祉に関する知識や技術，倫理について，それぞれの学びの段階に応じて適切に理解していることが前提となる．科目「社会福祉実習」においては，体験主義，現場至上主義や介護技術の習得のみに偏重した学習に陥ることなく，いかにして科目におけるねらいを達成していくのかということが，教育上の課題といえる．

3. 内容とその取り扱い

　科目としての「社会福祉実習」は，(1) 介護技術の基本と実際 (2) 高齢者と障害者の介護 (3) 社会福祉現場実習，の3つの学習内容から構成されている．これらの学習の展開にあたって，学習指導要領には，2～10単位の履修が想定されている．各内容を構成する項目の詳細については，学習指導要領を参照されたい．先述したように，この科目は教科「福祉」を構成する他の6科目との密接な関連づけを必要とする．そのため，カリキュラムの編成にあたっては，科目間の関連性を考慮した横断的配置や縦列的配置によって取り扱い内容の重複を避けるとともに，知識や技術の有機的な結びつけが可能となるような科目配置上の工夫が求められる．また，それにともない，各教科の担当教員との共通理解が不可欠となる．なお，実習の実施にあたっては，生徒の知識と技術の習得状況にあわせて，複数回に渡る段階的な進行が効果的である．その理由については，後に詳述したい．

Ⅱ.「社会福祉実習」の教材研究

1.介護技術の基本と実際

　介護の展開に必要とされる知識と技術を活用しながら，それぞれの利用者の状態に応じた基本的介護が実践できるようになることをねらいとする．学習指導要領には，介護技術の基本と実際に関する学習にあたって9つの項目を含めることが明示されている．ここではその詳細については割愛するが，学習の展開にあたって，これらすべての項目に共通する指導上の留意点として次の3つを押さえておきたい．

　第1に，介護とは何か，その意義と目的を徹底して明らかにすることである．介護とは，利用者の身体的，精神的，社会的自立を支援するものであり，「権利者」である利用者の必要と求めに応じて，安全で快適な日常生活の実現に必要な専門的技術を提供することである．残存能力や自立能力を無視した過剰な援助は，利用者の主体性や自立の機会を奪うものであり，その権利を侵害することに他ならない．適切な介護観や専門職倫理に基づいた介護活動を実践する力をつけるためには，科目「社会福祉基礎」や「基礎介護」をはじめとする諸科目との積極的な結びつけを図り，関連する知識の確認と整理をめざしたい．

　第2に，基本的な介護活動に必要とされる技術習得の徹底である．この科目では，主として高齢者や障害者の基本的介護活動が実践できるようになることを想定している．平行履修している，もしくは既習科目である「基礎介護」における学びとの積極的な関連づけを図りながら，安全で快適な介護を提供するために必要とされる基本的な技術の習得を図りたい．なお，その際には，技術の背景にある理念や理論についての学習を交差的

かつ段階的に設けることによって，福祉専門職を目指す上でふさわしい専門的な知識と倫理観に基づいた実践力の定着と向上をめざしたい．

　第3に，コミュニケーション技術を活用した介護実践力の育成である．利用者の安全かつ快適な生活の実現を支援するためには，介護に関する専門的な知識や技術の提供に加えて，コミュニケーション技術を使いながら利用者との関係性を深めていくことが必要になる．介護の展開にあたっては，利用者のプライバシーにかかわることも多いため，利用者と介護者とが相互に認め合い信頼しあえる関係を築いていくことが不可欠となる．さまざまな世代の利用者とかかわりを深め，よりよい介護の実践につなげていくためには，科目「社会福祉援助技術」において取り扱うコミュニケーション技法に関する知識や技術を活用し，利用者の言葉を傾聴し，共感的かつ受容的な関係を築いていくことの必要性とともに，自らのコミュニケーション技術とその特性についての理解を深めていくことをめざしたい．なお，利用者のとのコミュニケーションにあたっては，対人サービスを提供する者の基本的姿勢として，言葉使いや口調が使役的，指示的であったり，幼児語口調とならないように，また呼称の際にはニックネームではなく利用者固有の氏名を敬称を用いて呼ぶことを徹底したい．

―**Point**―
1. 介護の意義と目的について理解する．
2. 介護従事者としての専門職倫理について理解する．
3. 基本的な介護技術の習得をめざす．
4. コミュニケーション技術を活用した実践力の育成．

2. 高齢者と障害者の介護

　高齢者や障害者の心身の状態に応じた介護について取り扱うことを通して，介護者として，利用者を個別化してとらえること，利用者の包括的な理解に必要な観察力，基本的人権の尊重の精神に溢れた人間性豊かな心，自己の健康を管理する力等が必要であることを理解したい．

　ここでの学びは，高齢者の介護と障害者の介護の2項目から構成されている．介護技術の基本と実際に関する学習を通して習得した知識や技術を応用しながら，それぞれの利用者の特徴に応じた介護実践に必要な知識と技術の向上を図りたい．なお，その際には，介護の「道具として自分を使う」ことを意識し，安定した介護を継続して提供する上で不可欠となる，自己の健康や体調の管理についての理解も，あわせて深めたい．

(1) 高齢者の介護について理解する

　寝たきりや痴呆，虚弱高齢者等，さまざまな利用者の状態に応じたサクセスフル・エイジングをめざした支援について理解したい．具体的には，加齢による心身の変化や加齢と疾病の関係についての理解，加齢に起因する生活上の課題についての理解とともに，利用者の望む生活の実現を支援するために必要な高齢者介護の基本を習得することをめざす．

　指導にあたっては，生徒が，個々の利用者の人生に尊敬と敬意を示し，それにふさわしい言動をとるとともに，それぞれの願いや価値観を個別化してとらえ，その完成にむけた支援にかかわることの貴重性と基本的な留意点についての理解を促したい．

(2) 障害者の介護について理解する

　身体障害者・知的障害者・精神障害者の日常生活における基本的な介護

について取り扱う．具体的には，各障害の特徴についての理解，障害に起因するさまざまな生活上の課題についての理解，障害者介護の基本の習得をめざす．

一言に障害といっても，その種別や程度，受障の時期や原因によって症状や当事者の障害の捉え方，生活スタイルにいたるまでさまざまな違いがある．そのため，障害者の介助にあたっては，障害のステレオタイプ化や固定化した捉え方は避け，個々のニーズに応じたオーダーメイドのかかわりが求められる．また，利用者の年齢やライフステージに応じて，またそこに至るまでの生活や教育歴等に応じて，個々の利用者のもつ課題はさまざまに異なっている．介護者には，個々の利用者によってさまざまに異なる課題を個別化してとらえ，それぞれの課題に応じた意図的なかかわりを通して，それぞれの自立と自己実現を支援していくことが求められる．これらの点を踏まえた上で，「個別化」，「自立」，「自己実現」をキーワードにしながら障害に起因するさまざまな課題の解決にむけた支援を実践するために必要な介護の基本を身につけたい．

Point

☞ *1.* 利用者の特性について理解する．

☞ *2.* 利用者の個別性を尊重した介護の重要性について理解する．

☞ *3.* 利用者のプライバシーの尊重と確保の重要性について理解する．

☞ *4.* 自己の健康や体調を管理することの重要性について理解する．

3．社会福祉現場実習

「これまでに習得した社会福祉に関する知識や技術を実際の業務の場で活用し，実践する体験を通して，介護などの社会福祉業務に従事する者に必

要な実践的な能力と態度を育成することをねらい」とする．その学びにあたっては，「福祉を広い視野でとらえられるよう多様な場所での実習を多く取りいれるなどの配慮」が求められる（カッコ内の言葉はいずれも学習指導要領より引用）．また，先に，実習実施にあたっては生徒の学びに応じた段階的な進行が望ましいことを述べた．ここでは，その理由を生徒と教師のふたつの視点から述べたい．

　実習の段階的進行による生徒の利点は，各実習における目標をより細かく設定し，スモールステップ方式による目標達成が可能になる点にある．それによって，より着実に，かつ生徒自身が達成感や成就感を得ながら主体的に学習を進めることができる．生徒は，自らの学びの実状をより端的に把握することができ，続く学習への動機や目的意識を高めることができる．

　一方，教師にとって段階的に実習を進行することの利点は，各段階における生徒の学びの達成状況をより細かく確認することができることに加えて，学びの習得状況に応じて指導内容の精選化を図ることができる点にある．加えて，3年間という長期的展望を必要とする指導期間を細分化して捉えることが可能となり，各学年や単元における学習のねらいを，より具体的に設定することができる．そして，それらを段階的に積み重ねていくことによって，総じて質の高い学習を保障することにつなげることができる．

　社会福祉現場実習に関する学習の展開にあたっては，現場実習の意義と目的，オリエンテーション，現場実習の実際，反省，記録の4項目を含むことになっている．これらの学習を徹底するためには，取り扱い内容や実習実施にあたって求められる留意事項等について生徒自らが必要に応じてその都度，確認したり振り返りができるように，各学校の実情にあわせた独自の「実習の手引き」を作成し，活用したい．また，利用者の安全とともに生徒の安全な実習進行のために，事故防止や保健衛生などについての対策をあらかじめ講じるとともに，緊急事態に対応できる体制を整えてお

くことが必要である．

(1) 実習の意義と目的について理解する

　実習が課題解決能力を形成する体験学習の場であり，社会福祉のサービス利用者や関係職員などとの直接的なかかわりを通して，それまでに習得した知識や技術を総動員して統合する場であることを理解する．また，さまざまな職員が互いに連携・協働し利用者の支援に取り組んでいるチーム方式の実際や，その中で介護職が果たす役割等についての理解を深めることを通して，望ましい職業観や勤労観の育成へとつなげていきたい．加えて，個々が定めた実習目標の達成に取り組むことを通して，自ら主体的に学習する態度を身につけることをめざしたい．

　ところで，上述したねらいは，現場実習の意義と目的を生徒の立場から捉えたものであるが，ここではこれらのねらいに加えて，現場実習を行う意義と目的を実習先および利用者とその家族の視点から複眼的に捉えてみたい．

　実習先にとっての実習の意義と目的は，次代の福祉を担う人材の養成とともに，実習生を受け入れることを通して，施設サービスのあり方やその質について検討し，福祉の向上へとつなげていくことがあげられる．忙しい業務の中にもかかわらず実習生を受け入れ，教育的指導を行っている背景には，後進を育成する義務と責任とともに，福祉現場の実際をつつみ隠さず開示することを通してサービスの向上をめざすという意図があることを理解したい．

　一方，利用者や家族にとって実習生を受け入れることの意義や目的については，これまで十分に議論されてきたとはいえない．実習生の受け入れにあたって，利用者やその家族の理解や承諾を得るプロセスは無視され，実習生による介護を拒否することも含む，利用者自身が選択し，決定する権利については軽視されてきた傾向がある．このような反省から，今日で

は，利用者の権利性を第一に考え，その安全と快適な生活をまもることができる者のみを契約に基づいて受け入れること，また介護実習にあたっては利用者への説明と同意を求めることの必要性と正当性についての理解が浸透しつつある．それらを踏まえた上で，利用者自らが次代を担う人材の育成に携わるとともに，異なる世代とのかかわりを通して自らの生活に変化をもたらしたり，生きる上での意欲や喜びへとつなげていくことが期待される．

以上のような理解を深めることを通して，生徒の中に実習を通して学ぶことへの謙虚さと感謝の気持ちを育てるとともに，実習という機会を最大限に活かして，より多くのことを主体的に学んでいくことへの動機づけとしたい．

(2) オリエンテーション

オリエンテーションには，方向付けや定位という意味がある．その言葉の通り，ここでの学びにおいては，実習における具体的な目標や取り組みの内容を定め，生徒が進むべき方向性を明らかにしていくというねらいがある．具体的には，実習目標の設定，施設の概要や主な業務内容についての学習，施設見学等の実施が含まれる．オリエンテーションを中心にして行われる事前学習の徹底を通して，実習の円滑な実施に向けた具体的な準備を行うことをめざしたい．なお，学習の展開にあたっては，科目「社会福祉基礎」や「社会福祉制度」において取り扱う種々の内容との積極的な関連付けを図ることが必要である．

具体的な学習の進め方としては，ビデオやスライドなどの視聴覚教材を用いたり，社会福祉施設や機関などの援助活動実践現場への訪問見学による学習，実習先施設等の職員による講義の聴講等，学習の内容に応じて，できるだけ具体的な展開を試みたい．それによって，生徒の社会福祉施設や機関，またその利用者についての興味や関心を喚起し，実習に臨む意欲を高めるとともに，実習に対する不安を軽減することができる．

ところでオリエンテーションには,実習中のさまざまな出来事に関する契約事項等を確認するという意味も込められている．生徒と教師,生徒と(利用者を含む)実習先,実習先と学校間の契約においては,文書をもとにそれらを取り交わすことを通して確認事項の徹底を図るとともに,法的処理が生じた場合の備えとしたい．また,家庭との連携についても配慮したい．生徒の健康管理や規則正しい生活習慣の確立,各種検査や予防接種の実施への理解,実習中,事故等が発生した場合の対応等に備えて,家庭においても実習に関心を持っていただき,生徒の学びを側面から支えることへとつなげるために積極的な連携を図りたい．

①実習目標の設定

個々の生徒の興味や関心,課題意識をもとに実習目標を設定する．目標は,これまでの学習において習得した知識や技術と関連したものであることが前提となる．また,期間等の限定がある実習において実践可能なものであること,できるだけ具体的な内容であることが求められる．

目標の設定にあたっては,まず,実習の意義と目的に関するガイダンスを実施した上で,ワークシート等を用いた個別的な取り組みを通して内容の精選化や具体化を図りたい．その際には,介護技術の習得だけでなく,コミュニケーション技術や自己覚知等もその範疇に入ることを示唆したい．なお,実習目標の最終決定にあたっては,実習先との調整が必要となる．目標が生徒,実習先の双方にとってふさわしいものとなるように,実習開始前に実習生担当職員が必ずその内容を確認し,必要に応じて調整を図ることが必要となる．

②実習先の概要や業務内容について理解する

科目「社会福祉基礎」「社会福祉制度」等における学びを活用するとと

もに，施設等のパンフレットやホームページ，事業報告等を参考にしながら，それぞれの施設がどのような理念のもとに活動を行っているのかについて整理し，まとめたい．

③施設見学等

施設見学においては，組織の概要や主な業務内容についての説明や施設内の設備等の見学に加えて，実習を円滑に行うために必要な注意事項や準備等について実習先と生徒の双方が確認しあう機会としたい．なお施設見学の段階から，利用者のプライバシーの尊重には十分に配慮したい．また，生活型施設において実習を行う場合には，そこが利用者の生活する「家」であるとの認識を持ち，それぞれの「家」の価値観や生活スタイルを理解し，尊重する姿勢を示すことが求められることを理解したい．信仰が施設設立や運営の理念，利用者の生活に大きくかかわっている場合には，その概要や死生観等についてあらかじめ学習することによって，利用者の日常生活や施設における付加的サービスの内容に関する理解を深めることをめざしたい．

④記録について

記録技術は，専門職に従事する上で不可欠な技術である．チーム方式による利用者支援にあたっては，支援者間における情報の共有と共通理解を図るために，事実を端的に伝えるための記録技術が必須となる．また，記録は，利用者とのかかわりを客観的視点から振り返り，自らの行動の改善の糸口を見つけだすための資料でもある．記録の必要性について理解するとともに，定められた様式の中で文法や記録記載上のきまりをまもりながら記録をつけるために必要な基本的知識と技術の習得をめざしたい．

(3) 現場実習の実際
①巡回指導

　実習を通して生徒は，これまで学んできた知識や技術の確認や定着，向上を図るとともに，さまざまな体験を通して，将来，社会福祉活動に従事する上での自らの適性や展望を明らかにしていく．これらの過程において教師は，スーパーバイザーとして実習先を巡回し，スーパーバイジーである生徒の体験と学びを評価，フィードバックしながら，より望ましい方向へと導いていく役割がある．

　巡回指導は，生徒にとって利用者とのかかわりを客観的に振り返る教育・指導的な場であると同時に，心理的な支援を受ける場となる．利用者の主体性や自立，自尊心，尊厳をまもりながら実習が行われているかについて生徒の気づきを促すとともに，自己を客観的に振り返ることを支援することを通して，以後の実習，さらには，より望ましい職業人を目指すために求められる主体的学習態度の形成をめざしたい．指導の際には，面談だけでなく生徒の実践の様子を観察したり，日々，記録として残される「実習記録」を活用した指導を行いたい．

②指導上の留意点

　実習中は，生徒自らが考え行動する主体的な態度の形成を意図した働きかけを通して，生徒の課題解決能力の向上を図ることに留意する．具体的には，自らの考えや解釈，行動の基準，規範として，これまでに学習した知識や技術，職業倫理との照らし合わせを行うことの必要性について示唆し，学習者として常に原理，原則を確認することを通して知識の定着や技術の向上をめざすことの必要性についての気づきを促す．このような指導を通して，生徒の主体性を育むことに配慮するとともに，社会福祉従事者としての資質の向上をめざしたい．

ところで，実習中にはしばしば，生徒から実習先に対する疑問や非難が投げかけられることがある．実習先に対する生徒の独善的な批判や中傷は避けなければならないが，サービス提供に関する生徒の疑問や気づきについては，それをむやみに否定したり，無視するのではなく，福祉の原理，原則に照らし合わせて考えることに加えて，課題解決とサービスの向けた建設的な視点を持つことができるように促したい．そして，それぞれの気づきや疑問に応じた資料の提示や助言を通して，更なる学びへとつなげていきたい．

③実習先との連携

　実習期間中は，教師とともに，実習先における実習生担当職員が生徒のスーパーバイザーとなり生徒の指導を担当する．教師は，実習生担当職員と連携し，生徒の課題の把握およびその克服に向けた方向性や方法についての理解を共有し，一貫した姿勢で生徒の指導に臨みたい．実習を通して明らかになる個別的な課題の解決を図るために，教員および施設先の実習生担当職員は，実習生の言動や記録を日々確認の上，期を逃すことなく確実にフィードバックし，生徒の更なる学習の発展へとつなげていきたい．教師は，それが円滑に進むように，実習生担当職員の理解と協力を求めたい．特に，生徒が日々の取り組みについて記載する実習日誌の取り扱いについては，必ず提出された日に閲覧し，コメントを記した上ですみやかに生徒に返却することを依頼したい．また，実習先から問い合わせや要請等があった場合に迅速な対応が可能になるように，連携・調整の方法を明らかにしておくことが必要である．

(4) 反省，記録

　事後指導の徹底は，実習の成果を左右するといっても過言ではない．個々の学生の学びを深めるために，また集団としての学びを深め，さらなる

学習につなげていくためにも,十分な指導時間の確保とその徹底を図りたい.
　実習後は，各自が実習先に礼状を送付し感謝の気持ちをあらわすとともに，現場実習のまとめとして，実習の反省レポートや感想文の作成，実習報告会等の開催を通して実習体験の整理を図るとともに，自己の今後の学習課題を明らかにすることをめざしたい.

①実習記録の活用
　実習の記録は，協働が重視される福祉の現場において不可欠となる，情報の伝達手段についての具体的な学びを深めるとともに，生徒の成長の過程を明らかにする上での貴重な資料となる．実習後には，この記録を積極的に活用し，実習目標の達成具合を振り返ったり，利用者の人権に配慮したかかわりの体現等について点検，評価するための資料としたい．生徒が，社会福祉従事者を目指す上での自己の課題や高校卒業後の進路について明らかにしていくためには，実習における取り組みを客観的に振り返り点検する自己評価の実施が有効である．あらかじめ尺度を提示しその項目をもとに点検していく方法と，レポートや反省文の作成による記述を通して点検を行う方法がある．点検シートへの記入，グループディスカッション，個別面接の実施，レポートの作成等を通して，福祉専門職従事者としての自己の適性や課題を冷静に，かつ専門的視点からみつめることを支援し，今後の学習にむけた課題の明確化や学習意欲の向上をめざしたい.

②実習報告会等の開催
　実習の実施にあたっては，高齢者福祉の領域をはじめとする多様な場所での実習が可能となるように配属先に配慮することが求められる．しかしながら，現実的には，地域の事情により領域が限定されたり，個々の生徒が実習できる期日や回数には限りがある．そこで，「実習報告会」や「実習

発表会」の場を設け，生徒の個別的体験を共有することを通して，さまざまな福祉現場の実態を広く知る機会にするとともに，援助実践における知識や技術の普遍性を再確認する機会としたい．それによって，生徒が現場で体験したことがすべてであるかのように短絡的に考えることを回避したり，自らの学びの体験やそこでの気づきを他者と比較することを通して，自己覚知を深めることが期待できる．また，実習体験を整理し，まとめ，発表するという流れを経ることによって，生徒は自らの体験をより客観的に振り返ることができるとともに，プレゼンテーション技術の取得をめざした学習としての効果も期待できる．その際には，科目「福祉情報処理」において習得した知識や技術もあわせて活用したい．そして，会の終了をもって，ひとつの学びの区切りとし，以後の学習に臨む意欲を高める機会としたい．

「実習報告会」や「実習発表会」の開催にあたっては，実習を行った生徒だけでなく，異学年の生徒も聴講や質疑応答への参加が可能な形態を考慮することで，これから実習へ臨む生徒の動機を高めることができる．また，実習先施設職員への参加を呼びかけることによって，学校における福祉教育の具体的な内容について理解を深め，連携やパートナーシップの強化を図ることが期待できる．

---**Point**---

☞ *1.* 現場実習の意義と目的について理解する．

☞ *2.* 利用者の権利を尊重した態度の形成をめざす．

☞ *3.* 自らが定めた実習目標をもとに主体的に実習を行うことをめざす．

☞ *4.* これまで学んできた知識や技術を活用しながら現場の実際について理解する．

☞ *5.* 実習記録の振り返り，スーパービジョン，報告会等を通して，将来，福祉専門職を目指す上での自己の特性と今後の学習課題を明らかにする．

Ⅲ．「社会福祉実習」の学習指導計画と評価の視点

1．学習指導計画

(1)「社会福祉実習」の学習指導計画案
①指導計画例

表8-1に社会福祉士及び介護福祉士法施行規則第21条別表に定める単位数に従い，履修単位を6単位（210時間）と想定した場合の学習指導計画例を示したので参照されたい．

計画例においては，実習期間を合計4週間とし，実施時期については，2年次と3年次においてそれぞれ2週間の設定とした．具体的には，2年次においては，目的や内容を介護技術の試行と定着に限定し，続く3年次において，生徒の学びの集大成とともに，自らの興味や関心，課題意識に基づいた目標設定による，より主体的で積極性が重視される実習展開をめざしている．段階的に実習を設けることによって，生徒自身が時間的かつ内容的展望をもって履修中の科目間の関連づけや，さらなる実習へ向けた動機を高めていくことを意図した．

②作成上の留意点

指導計画の作成にあたっては，次のような点に留意したい．

(a) 各校における生徒の進路希望や地域の実情に応じて，資格取得や高等教育機関等への進学に対応した実習時間数を確保する．たとえば，在学中に介護福祉士国家試験受験資格を得るためには，社会福祉士及び介護福祉士法の定めに従い通算210時間以上を確保することが必

要である．

(b) 他科目との関連づけを明確にし，内容の重複化を避ける．ただし，内容によっては，あえて重複させることによって，知識や技術の定着を図ることもある．

(c) 校内・外実習の段階的，交差的実施によって，知識と技術の確実な定着と向上をめざす．

(d) 事前・事後指導の時間を十分に確保する．

(e) 実習先施設との連携を重視し，パートナーシップを確立する．具体的には，外部講師としての招聘や実習報告会等への招待の他，実習の時期や受け入れ人数等について協議する実習連絡協議会の定期的な開催，相互の行事への参加，学校資源の還元等を通して，相互理解と協力関係の確立をめざしたい．

(f) 基礎的介護を実践するために必要な知識と技術の習得の徹底を図る．実習は，その試行と確認の場であり，実習先で求められる基礎的知識と技術については，学内での学習において習得することを基本とする．

(g) 生活型施設における実習への対応として，プライバシーの確保に関しては特に指導を徹底する．

表8-1.「社会福祉実習」の学習指導計画例

学年	時間	単元	学習活動	主な学習内容	関連科目
1年	4	介護技術の基本と実際	1.日常生活の理解	・利用者の個別性を配慮した観察の重要性の理解 ・基本的人権尊重に基づく観察の重要性の理解 ・個別性と人権尊重を踏まえた自立能力と残存能力を把握することの重要性についての理解 ・観察の必要性についての理解 ・先入観や固定観念の弊害に関する理解	基礎介護・社会福祉基礎
	4		2.基本的介護技術	・生活の質と介護との関連についての理解 ・介護における自己資源の活用についての理解 ・自己能力開発の援助と介護との関連に関する理解 ・利用者の主体性の尊重の重要性についての理解 ・利用者のプライバシー尊重の重要性についての理解 ・継続性および自己決定のための資料提供の重要性についての理解 ・ボディメカニクスに関する基礎的知識と技術の習得	
	7		3.環境の整え方	・居住環境整備の重要性についての理解 ・事故防止と環境整備の関連についての理解 ・自立促進と環境整備の関連についての理解 ・介護負担の軽減と環境整備の関連についての理解 ・衣類の衛生管理の必要性と重要性についての理解 ・寝具の衛生管理と重要性についての理解 ・ベットメイキングについての基礎的知識と技術の習得 ・リネン類の管理の基礎的知識と技術の習得	
	7		4.食事の援助	・食事の意味についての理解 ・栄養についての基礎的理解 ・快適な食事のあり方と支援についての理解 ・摂食援助に関する基礎的技術の習得 ・誤嚥の予防についての理解	

第8講 「社会福祉実習」の教育法

学年	時間	単元	学習活動	主な学習内容	関連科目
1年	7	介護技術の基本と実際	5.排泄の援助	・脱水症状の序棒についての理解 ・排泄の意味についての理解 ・快適な排泄のあり方と支援についての理解 ・排泄の援助に関する基本的技術の習得 ・排泄障害時における適切な対応についての理解	基礎介護・社会福祉基礎
	7		6.清潔の援助	・身体を清潔に保つことの意味についての理解 ・高齢者や障害者の自立と快適な生活に向けた清潔の支援のあり方についての理解 ・プライバシーに配慮した援助に関する基本的技術の習得	
	7		7.衣服の着脱の援助	・衣服を着ることについての理解 ・衣服の条件についての理解 ・高齢者や障害者の自立と快適な生活に向けた衣服着脱のあり方についての理解 ・プライバシーに配慮した衣服着脱の援助に関する基礎的技術の習得	
	6		8.運動,移動の援助	・身体を動かすことの意味についての理解 ・姿勢と体位についての理解 ・高齢者の自立と快適な生活に向けた運動・移動のあり方についての理解 ・運動・移動の援助に関する基本的な技術の習得 ・褥瘡や拘縮についての理解 ・運動や移動の困難に伴う二次的疾患や障害の予防についての理解	
	6		9.福祉用具の活用	・福祉用具の有用性についての理解 ・車イスを事例に用いた福祉用具の選択・活用・管理方法に関する理解	
	7	高齢者と障害者の介護	1.高齢者の介護	・寝たきりや痴呆,虚弱高齢者の日常生活と課題についての理解 ・高齢者の基本的な介護についての理解 ・加齢による心身の変化についての理解 ・加齢と疾病との関係についての理解	基礎介護・社会福祉基礎
	8		2.障害者の介護	・障害者の日常生活と障害に起因する課題についての理解 ・障害者の基本的な介護についての理解 ・各障害の特徴と介護についての理解	

学年	時間	単元	学習活動	主な学習内容	関連科目
2年	2	2年次社会福祉現場実習	1.意義と目的	・実習の意義と目的についての多面的理解 ・課題解決能力と実習との関係についての理解 ・社会福祉施設等における体験的学習の意義と目的についての理解 ・主体的に学習する態度の必要性についての理解	社会福祉基礎・基礎介護・社会福祉援助技術
	6		2.オリエンテーション	・これまでに習得した知識や技術を踏まえた実習目標の設定 ・実習先の概要と主な業務内容についての理解 ・実習先施設職員による講義の受講 ・施設訪問と見学 ・実習における具体的な注意事項の確認と同意書の作成 ・記録技術についての学習	
	58		3.現場実習の実際	・介護技術の試行 ・コミュニケーション技術の試行 ・介護職をはじめとする各専門職の働きと連携についての理解 ・記録技術の試行 ・実習日誌の作成 ・巡回指導によるスーパービジョンの実施	
	4		4.反省・記録	・礼状の作成 ・実習日誌をもとにした振り返り ・実習レポート等の作成 ・個別面接によるスーパービジョンの実施 ・他科と連動した実習体験のまとめ（事例検討やケアプランの作成等） ・実習報告会の開催	

学年	時間	単元	学習活動	主な学習内容	関連科目
3年	2	3年次社会福祉現場実習	1.意義と目的	・2年次における学びを踏まえた課題解決能力と実習との関係についての理解 ・2年次における学びを踏まえた社会福祉施設等における体験的学習の意義と目的についての理解 ・主体的に学習する態度の必要性についての理解	社会福祉基礎・社会福祉制度・基礎介護・社会福祉援助技術・社会福祉演習・福祉情報処理
	6		2.オリエンテーション	・2年次社会福祉現場実習における学びを含むこれまで習得した知識や技術、さらには自らの興味・関心や課題意識、進路希望等に応じた実習目標の設定 ・実習先の概要と主な業務内容についての理解 ・実習先施設職員による講義の受講 ・施設訪問と見学 ・各専門職の役割と連携についての理解 ・実習における具体的な注意事項の確認と同意書の作成 ・記録技術についての学習	
	58		3.現場実習の実際	・介護技術の試行 ・コミュニケーション技術の試行 ・介護職をはじめとする各専門職の働きと連携についての理解 ・記録技術の試行 ・学習日誌の作成 ・巡回指導によるスーパービジョンの実施	
	4		4.反省・記録	・礼状の作成 ・実習日誌をもとにした振り返り ・実習レポート等の作成 ・個別面接によるスーパービジョンの実施 ・他科と連動した実習体験のまとめ(事例検討やケアプランの作成等) ・実習報告会の開催 ・自己の適性や進路に向けた展望を明らかにするための学習	

2.「社会福祉実習」の評価

(1) 留意点

「社会福祉実習」の評価にあたっては，この科目が生徒の主体性と実践力の育成を重視していることを考慮し，次のような点に留意したい．すなわち，自ら主体的に考え，問題を解決する能力がどの程度育まれているか確認する，個々の生徒の個性や進路の違いを踏まえ，絶対評価を重視した個人内評価に重きをおく，複数の教員が生徒の指導にかかわる場合には全員で協議を行い，生徒を多面的観点から評価を行うことの各点である．また，評価にあたっては，評価者，評価の目的，評価の対象や内容，評価時期，測定方法，評価方法等について学習指導計画を立案する段階において関係する各教員とともに協議しておくことが必要である．なお，実習が複数回に分割して実施される場合には，実習ごとに，その前後および実習中にそれぞれ測定，評価を行い，学習の到達度を確認したい．

(2) 手順

学習指導要領に示されているねらいを踏まえながら，評価の観点とその内容を定めることが必要になる．評価における観点としては，この科目が，生徒の社会福祉の向上を図るために必要とされる実践力をつけることをねらいとしていることから，そのねらいに個々の生徒がどの程度到達したのかを確認できるものでなければならない．

それでは，社会福祉の向上を図るためには，何が必要とされるのだろうか．それは，社会福祉に関する専門的知識であり，専門的技術であり，専門職倫理であり，そして己のことを正しく知る自己覚知である．生徒の学びの到達度を評価するためには，これらの観点にそって，具体的には各校の福祉教育における学びの目的をふまえながら，どのような知識や技術，

倫理や自己の特性についての理解が求められるのかについて明らかにする作業を行う．それぞれの内容の詳細については，各学校におけるカリキュラムや学習のねらいに応じて独自のものが求められる．そして，各観点にそって，そこで求められる具体的な内容とその重み付けを決定した後，それぞれの内容に応じた測定の方法についての検討を行う．検討にあたっては，知識量や理解の速度といった数量的把握が可能かどうか，生徒の学ぶ意欲や思考力，判断力といった質的観点から評価が求められるものについては，どのように測定を行うのか等について検討を行う．

(3) 評価の方法

評価方法の選択と決定にあたっては，この科目が生徒の人権感覚や主体的学習態度，問題解決能力の向上を図ることに重きをおいていることを考慮し，生徒自らが評価に参加し，自己の課題と対峙し，その克服に向けた次なるステップへの糸口となるものであることに留意したい．具体的には，自己評価の視点を取りいれ，自己の学習課題の明確化と意識化を図ること，ポートフォーリオ等を活用した3年間の学びの軌跡のファイリングを通して，個人内の成長や変化を明らかにすること，各実習の事前，実習，事後それぞれの段階において評価を行い，各段階における課題の達成度を確認すること，実習を複数回にわけて実施する場合には，各実習について評価を行うこと等を通して，個々の生徒の能力や資質を時間的展望を持って伸ばしていくことに配慮したい．一方，専門職従事者として求められる知識や技術，倫理のうち，基本的・基礎的内容については，評価の基準あるいは規準を明らかにしたうえで，ペーパーテストやドリル学習を活用しながら，それぞれの習得状況を段階ごとに確認し，知識や技術の定着をめざしたい．

(4) まとめとして

　教科「福祉」は，生徒にとって，学問としての，実践としての，職業としての，また自己実現の一歩としての「福祉」との最初の出会いの場所である．福祉教育に携わる教師は，専門的な学びの第一歩を踏み出した生徒に対して，福祉の本質をどのようにして伝え，そこに興味と関心，さらには意欲や役割意識を引き出していくのかが問われている．言い換えれば，教師自身の福祉観，専門的知識と技術が問われているといえるだろう．

　高校で「福祉」を学んだ生徒が，その後，どのような道を歩むのか，またその学びをどのように活かしていくのかについては，さまざまな選択肢がある．しかしながら，いずれの道を辿るにしても，高校で学んだ知識や技術は基礎的なものであり，実践力や応用力の向上のためには更に継続して専門的な学習を行っていくことが求められる．そして，そこで問われるのが自ら学び，考える主体的態度である．科目「社会福祉実習」においては，実習教育を通して，生徒自らがその必要性と重要性に気づくことを支援していきたい．

　福祉の構造改革を通して，利用者の声を反映し，サービスの改善や向上にむけたさらなる努力が求められることは必至である．この講の最期に，科目「社会福祉実習」に携わる上で，次代を担う者の育成にあたっては，生徒が対人サービスを提供する上での基本的態度の形成とともに，自ら学び考える主体的な学習態度の形成をめざすための方法論について，教師自身が継続して学習していくことの必要性を指摘しておきたい．

【引用・参考文献】
[1] 大橋謙策編集代表，田村真広他編『福祉科指導法入門』（中央法規，2002年）
[2] ケアワークマスタ研究会『介護実習ハンドブック（改訂新版）』（久美，2002年）

［3］硯川眞旬・佐藤豊道・柿本誠編『福祉教科教育法』（ミネルヴァ書房，2002年）
［4］文部省『高等学校学習指導要領解説』（文部省，2000年）
［5］文部省『文部省告示高等学校学習指導要領』（財務省印刷局，2001年）
［6］文部科学省『高等学校学習指導要領解説総則編』（東山書房，2002年）
［7］矢幅清司・細江容子『改訂高等学校学習指導要領の展開「福祉」編』（明治図書，2000年）
［8］山口満・工藤文三『改訂高等学校学習指導要領の展開「総則」編』（明治図書，2000年）

第 9 講
「社会福祉演習」の教育法

I.「社会福祉演習」の目標と内容

「福祉科」の設置は,福祉関連業務（高齢者施設における介護職,ホームヘルパー,障害者施設における相談職など）に従事する実践的な能力を持った人材を養成することに主眼が置かれている.

教育内容等については,高等学校学習指導要領第3章第8節第2款第6に「社会福祉演習」として下記の通り示されている.

1.目標

課題研究や事例研究などの学習を通して,専門的な知識と技術の深化,統合化を図るとともに,問題解決の能力や自発的,創造的な学習態度を育てる.

2.内容

(1) 調査,研究
(2) 事例研究
(3) ケアプラン

3. 内容の取り扱い

(1) 内容の構成及びその取り扱いに当たっては，次の事項に配慮するものとする．

① 生徒の興味・関心，進路希望等に応じて，内容の(1)から(3)までの中から，個人又はグループで適切な課題を設定させること．なお，課題は内容の(1)から(3)までの2項目以上にまたがる課題を設定できること．

② 内容の(3)については，社会福祉サービス利用者を想定し，その人にふさわしい自立生活支援の過程を考えて，ケアプランを作成させること．

(2) 社会福祉演習の目的と方法

では実際に「社会福祉演習」（以下「演習」という）を展開する前に，まず「目標」についてもう少し詳細な検討を加えてみたいと思う．

演習の目標に「課題研究や事例研究などの学習を通して」とあり，「次の専門的な知識と技術の深化，統合化を図る」ためには，全体を対象とした授業ではなくグループ及び個人の主体性を育成するところに主眼が置かれなければいけないし，演習はその目標を具体的に展開する科目である．

演習を展開することについては，次のことを検討しなければならない．

① 生徒個人の主体性を基本として，グループとしての活動を重視する．従って，グループを意図的に形成する場合は生徒自身の積極的な参加を促すため，グループとしての凝集性が期待でき，かつ可能な限り少人数のグループ，概ね5人程度をひとグループの単位とすること．

② 対人援助の最も基本である「自己理解と他者理解」や「コミュニケー

ション技術」などを含めた対人関係に対するロールプレイ等の実技指導を積極的に取り入れ，チームワークを含めた円滑な人間関係を醸成する場面を重視すること．
③人権尊重や自立生活支援の理解のために，対人援助の基本である「受容と共感」及び「個別性の原則」を理解させること．
④社会福祉援助過程を含め高校生にも理解可能な体系的援助技術を取得すること．
⑤在宅支援を中心的な視野にすること．
⑥社会福祉援助技術専門職（ソーシャルワーカー）は人の「ウエルビーイング[1]」（個人の人権の尊重を前提とした自己実現の促進）の増進を目指し，人とその環境との相互作用に着目し，その接点に介入することを前提とする．

では上記の検討項目について，具体的な視点や指導上配慮することを述べてみたいと思う．

―**Point**―
―プレゼンテーション技術の習得のポイント―
☞ 1. 3つのP《Personality（人柄），Program（内容），Presentation skill（話し方，伝え方）》を踏まえる．
☞ 2. 一定の決められた時間内で，内容を整理し，インパクトのある発表をする．
☞ 3. 相互チェックにより「何を伝えたいのか」を明確にする．

(3) 生徒個人の主体性とグループ活動の推進

一人ひとりの個性を生かすため，個人の意見を重視する．恥ずかしさや反論への不安のため，なかなかみんなの前で発言することに躊躇する生徒

が多いと思われる．

　その時は，例えば他人の発言の影響を最小限にするため「付箋」など張り直しのできるものを利用することが効果的である．具体的な利用方法として，例えば課題を与えた場合，その課題に対する解決方法や手順などをそれぞれの付箋に一行で記載し，グループ毎に模造紙などに貼り付け，その書いた内容と「なぜそう思ったのか」をグループ内で発表して貰う．
「メモ用紙」ではなくなぜ付箋が良いかというと，貼り付けることができるので同じようなグループにまとめたり，上下や左右関係を明示することができるし，全体発表の時はそのままの形で黒板に掲示することができるからである（KJ法[2]）．

　援助技術の基本は「他者の存在を自分の価値観で判断せず，あるがままに認め尊重すること」である．批判はしないで自分とは違う意見として認め，グループ内で許容的な雰囲気を持たせることが大切である．また，相手の良い点やその人の気づいていない長所を探し，一人ひとりの力量をつけることもとても大切なことである．

　それを福祉では「エンパワメント」というが，言葉で伝えることがその人の生きていくうえでの自信に繋がるので，社会福祉援助技術はそこからスタートすることになる．

　社会福祉援助技術ではそのことを大変大切にする．

　次に「語ること」と「聴くこと」について述べてみたいと思う．

①語ることの重要性

　モノローグと違い人は誰かに「自分の考えていることをわからせよう」と努力し，言語化の作業を通して初めて一定の意味を変成，生成していくものである．その場合には当然のことながら表現の自由や語る内容の自由さが保障されなければならない．

②聴くことの重要性

　聴くという行為は,「傾聴」というソーシャルワーカーが伝統的に培ってきた重要な行為である.それは単に聞く（hear）ではなく,自分の全知全霊をかけて援助を必要とする人の魂の叫びを傾聴（active listening）するということである.

　また,グループ化するということは,グループの構成員が自らの意見表明も含めさまざまな意見の交流をとおして個人の成長と発展を図り,他者との連携やチームワークのあり方を学ぶのに最も適した方法といえる.

　グループを作るとそのなかで「グループ内の凝縮性」（「グループダイナミックス」の主概念）が高くなる.一体感が出来てくると「われわれ」という感情が出来上がり,共有する意識や感情が芽生えやすくなり,周りと協力して問題を解決することを学習する良い機会となる.

　意見を交わしていく内に,他者の気持ちを自分に置き換え,そしてその気持ちを「言葉」で表現する力を付けていくことが大事である.しかし,その前提としては自由に表現できる雰囲気作りを教員が行う必要があり,受容的な態度で判りやすい簡潔な話し方やいつでも質問できるような親近感を作ることに努力をしなければならない.

Point
―グループ内の共通認識,チームワーク形成のポイント―
☞ *1.* ニーズの発見とその方法の工夫を行う.
☞ *2.* 課題に対する個人間の認識を明確化する.
☞ *3.* 討議のプロセスを経ることが大切.

---

(4)「自己理解」と「他者理解」「ロールプレイ」

　前節でも述べたが,「他人をあるがままに認め,人に共感し受容するこ

と」それは,人との関係を円滑に進めることにとって非常に大事なことであり,自らの心理的な特性を理解し(自己覚知),人の感情を理解すること(他者理解)は自らの怒りを抑制することにも繋がる.

「自己理解」は自分を他人に伝達するという体験を通して,自分自身についての認識を深めることを目的とし,「他者理解」は,コミュニケーションをとおして他人から発信されるシグナルを自分の認知のバイアスに左右されず,適切に捉えられるよう相手を理解することに繋がる.

「ロールプレイ」(role play)は役割演技などともいわれ社会福祉援助技術では「疑似体験」として用いることが多く,援助技術スキルの獲得には無くてはならないものである.また,終了後のフィードバックを行うことによりその気持ちを言葉で表現することで自己理解の一層の進展をもたらすことが期待できる.

現実の自分とは異なる役割を演じることで,人間理解を深め自らの心理的コントロールが可能になり,人間関係能力向上のための心理的技法の一つである[3].

Point

―福祉演習におけるフィードバックの際の留意点―

☞ *1.* グループリーダーを明確にし,グループの中で許容的な雰囲気を作る.

☞ *2.* フィーリングやイメージではなく,「いま,ここで観察した事実」について指摘する.

☞ *3.* 相手の良い点や,その人の気づいていない長所を伝えてあげる.

☞ *4.* フィードバックするとき,受けるときは必ず相手の目を見る練習をさせる.

☞ *5.* フィードバックは,はじめにマイナスの指摘だけを行ない,時間をおいてプラスの指摘を行うほうが効果的である.同時に行うと,プラス面で言われたことがマイナスの指摘で薄められて少しも嬉しくないし,マイナスの指摘も厳しく感じなくなって,フィードバックの効果が薄くなってしまう.

(5)「受容」と「共感」,「個別性の原則」について

社会福祉援助技術における面接の基本原則に「バイステック (Felix. P. Biestek) の7原則」というのがある.

①個別化（クライエントを個人として捉える）
②意図的な感情表現（クライエントの感情表現を大事にする）
③統制された情緒関与（援助者は自分の感情を自覚して吟味する）
④受容（相手の感情をあるがままに受け止める）
⑤非審判的態度（クライエントを一方的に批判しない）
⑥クライエントの自己決定（自己決定を促して尊重する）
⑦秘密保持（話された秘密を保持し，信頼感を醸成する）

この原則は1965年に代表的な著作『ケースワークの援助——よりよき援助を与えるために』で述べられているが，出版され40年が経った現在でも，その原則はソーシャルワーカーの拠り所として大切にされている.

特にそのなかにある「受容」という概念は，人権尊重という基本的価値から導かれるものであり「あるがままの現実を無条件に受け入れる」ことである．自己中心的な自己主張が飛び交う現代において最も困難な態度といえるかも知れない.

「共感」は「うなずき」という行為を伴う．知的な理解というよりもその背景にある感情や生き方を感覚的に理解し「この人にわかってもらえた．この人は自分を認めてくれている」という感情を持たせるということである．

受容と共感の前提となる「傾聴」は，意見も励ましもなく「ただ"聴く"」という行為であり，相手が黙ってしまっても待つ」というとても忍耐を要する難しい行為ということができる.

(6) 社会福祉援助過程の理解

一般的に社会福祉の援助過程の概略は次の通りである．

①インテーク（初期面接）：傾聴を原則として，主たる訴えを聞き，何を解決しようとしているのか（ニーズの把握）を的確に捉える．

⬇

②アセスメント（事前評価）：問題の本質を理解するために多方面からの情報収集を行う必要があり，利用可能な社会資源の存在と開発を行い要援助者を「環境のなかにおける生活者」として捉える視点を大事する．

⬇

③プランニング（目標設定と援助計画）：要援助者に最もふさわしい援助の具体的な目標を要援助者とともに考え立案していくことが求められる．実行可能な範囲で援助計画を立て，必要に応じて何度も修正し変更する勇気も求められる．

⬇

④インターベンション（介入）：この行為は援助活動の中心をなすものであり，特に環境（家族や親族，友人，地域社会，各種関係機関）との関わりを積極的に展開することが必要である．特に要援助者本人の主体性を尊重し，勇気づけ行動することを応援すること，そこではまさしく「エンパワメント」ができなければならない．

⬇

⑤エバリュエーション（事後評価）：支援が要援助者にとってどのような意味と効果をもたらしたかを総合的に判断し，要援助者とともにサービスの効果測定を行う．

⬇

⑥ターミネーション（終結）：これ以上の援助を必要としないことを要援助者と双方で判断した場合は終結を迎えることになる．その場合は要援助者は自らの力で立ち上がり行動できることが前提となる．

(7) 在宅支援

福祉に対する公的な施策は大きく分けると「在宅福祉」と「施設福祉」に分かれる．

在宅福祉は対象者によって要援助者対策と社会活動促進に分かれ，施設福祉は利用形態により入所施設と利用施設とに大別することが出来る．

①入所施設は例えば特別養護老人ホームや身体障害者療護施設，児童養護施設などその施設にて生活を営む所である．利用施設は，一般的に「通所施設」という形態をとる．例えば高齢者でいうと，送迎付きで日中預かり入浴や食事リクリエーションなどを目的とした「デイサービス（ケア）センター」，痴呆性老人を中心とした小グループ制の生活施設である「グループホーム」など，また，障害者では身体障害者及び知的障害者並びに精神障害者を対象とした，受託作業を通して社会経験の拡大や工賃（賃金）を得ることができる「通所授産施設」や「共同作業所」などが対象となる．

②在宅支援の代表的なものとしては，コミュニティセンターなどにおける老人クラブや高齢者教室，介護教室など，または24時間福祉相談サービス．また，障害者が外出する際の付き添いなどをするガイドヘルパー，在宅の障害者を支える障害者支援センターでの活動などがあるが，一般的には施設利用支援との明確な区分はあまりなく，むしろ一体化しているといえる．

福祉の対象を「地域のなかでの生活に困難を抱えている人」という視点で支援を行うための理論と技術を身につけることは高校福祉科で学ぶ学生

の自己実現のためにも大切なことと考えられる．

　高校福祉において，ボランティア等で入所施設に赴き利用者とコミュニケーションを図ったり，作業を中心とした活動することも，とても大切なことだが，支援の対象はもっぱら住み慣れた地域で今まで通りの生活を送ることを望んでいる高齢者，障害者そして子ども達ではないであろうか．

(8) 福祉における権利擁護とウエルビーイングの重要性

「ソーシャルワーク専門職は，人間のウエルビーイングの増進を目指して社会の変革を進め，人間関係における問題解決を図り，人々のエンパワメントと解放を促していく．ソーシャルワーカーは，人間の行動と社会システムに関する理論を利用して，人々がその環境と相互に影響し合う接点に介入する．人権と社会正義の原理はソーシャルワークの拠り所とする基盤である」

　これは2000年7月に国際ソーシャルワーカー連盟モントリオール総会において採択された定義であるが，現在日本におけるソーシャルワーカー関係4団体（社団法人日本社会福祉士会，日本ソーシャルワーカー協会，社団法人日本医療社会事業協会，日本精神保健福祉士協会）がソーシャルワーカーの定義として批准している．

　少し補足すると，エンパワメント（empowerment）とは個人が自らの生活のあり方をコントロールできるよう自己決定をする力を支援し，それを可能にする公正な社会の実現を目指すプロセスであり，アメリカにおける1960年代の「公民権活動」がその源泉であるといえば，理解して頂けると思う．

　また，定義のなかに「社会正義」とあるが，日本においては「社会公正」と訳す場合もある．

　要するにソーシャルワーカーの役目としては，「個人の生来持っている

可能性を十分発展させ，その人（家族，地域社会）の生活の豊かさと自信に裏付けされ能力を獲得したいという積極性に満ちた社会生活を営むことを目的として人権の尊重をベースとして，個人と環境との間の多様で複雑な相互作用に働きかけることにある」ということになる．

Ⅱ.「社会福祉演習」の教材研究

1.社会福祉演習の意義と方法

　近年，相談援助の専門職であるソーシャルワーカー（社会福祉士）としての活動は広がる一方である．

　例えば，児童虐待に対する家族への危機介入，経済的困難が表層化しているホームレスや在留外国人を含む低所得者への支援，病院を主な活動拠点として社会福祉の立場から，医療費・生活費・社会復帰・福祉制度や介護保険制度・心理的な悩み等に関する不安に対して家族や利用者への具体的な援助を行っている医療ソーシャルワーカー，地域における在宅生活に困難が生じている障害者へのガイドヘルパーや高齢者へのボランティアとの調整や支援体制の構築（ソーシャル・サポートネットワーク）など，主に地域を基盤とした活動に重要性が増している．

　その生活課題を抱えた個人・家族・地域などに対して具体的に対応できるようにするための社会福祉援助技術を，高校においては「社会福祉演習」，福祉系大学における「社会福祉援助技術演習」にてロールプレイングや集団討議などを通じてのコミュニケーション技術，マイクロ・カウンセリングによる面接技術の理解や意思疎通の方法及び事例検討などを学ぶことになる．

　「人が生活を営むということは，個人と環境（家族，地域，国家など）との相互作用である」という視点から捉えることであり，それはとりもなおさず利用者の生活課題やニーズの把握，次の段階として環境の調整及び必要な社会資源の利用と開発などを学ぶことになる．

では，具体的に社会福祉演習を展開する上での参考となる教材を提示する．

(1) 社会福祉演習の目的と方法

　① 社会福祉教育方法・教材開発研究会『新 社会福祉援助技術演習』
　　（中央法規，2001年）

　援助過程に必要としている態度，行動様式，技術習得，知見を統合的に学ぶ教育方法として援助技術演習を位置づけている．

　② 社会福祉援助技術演習研究会編『社会福祉援助技術演習ワークブック』（相川書房，2003年）

　社会福祉援助技術演習の研究者と，現に福祉現場において実践しているソーシャルワーカーとの共同で執筆されたものであり，コミュニケーション技術からコミュニティ・ソーシャルワークの展開まで幅広く演習の具体的なプログラムが用意されている．

(2) 生徒個人の主体性とグループ活動の推進

社会福祉演習は基本的にはグループの形成をとおして体験的に学ぶものであり，実践場面においてもグループ内構成員の相互作用を意図的に展開することが重視され，その代表がチームを組んでの多角的な支援である．例えばボランティア，ピアグループの組織化や在宅福祉サービスの促進などについてグループの力動を理解し活用することは非常に大切なことである．

　① 財団法人日本リクリエーション協会監修『新グループワーク・トレーニング』（遊戯社，1995年）

　生涯学習，学校教育，企業内教育，生涯スポーツ，医療・福祉現場な

ど幅広い場所で利用されることを想定しており，グループワーク・トレーニングの基礎から展開している．

② 諏訪茂樹著『援助者のためのコミュニケーションと人間関係』（建帛社，1995年）

カウンセリングをベースとして援助的態度の形成からコミュニケーションと人間関係，グループ・アプローチまで幅広く具体的に展開している．

(3) 自己理解，他者理解，ロールプレイング（コミュニケーション及び面接技術）

① 渡部律子著『高齢者援助における相談面接の理論と実際』（医歯薬出版，1999年）

高齢者への援助技術を中心に記述されているがその実用性は高く，具体的な援助事例を通して，事例の見方や相談面接のあり方など演習を展開するうえで大きな参考となる．

② A．アイビー・D．エバンス他著『面接のプログラム学習』（相川書房，1990年）

基本的にカウンセリング技法を習得させるためプログラム方式により学習することを目的とした参考書であるが，援助の実践場面でも使われる「焦点化」や「開かれた質問と閉じられた質問」等の効果的な質問法を段階的に学べるようになっており，大学の演習においてもよく使用される教材である．

(4) 社会福祉援助過程の理解

ソーシャルワークを展開する上で援助過程を常に意識し，要援助者の立

場を理解し良きパートナーとして支えてゆくのが大切なことである．

①社団法人日本社会福祉士会編『社会福祉士実践事例集II』（中央法規，2001年）

　社会福祉援助過程の理解は，多方面の実践事例を読み解きながらプロセスを確認する方法が最も確実であり理解しやすい．本事例集は援助過程を順を追って理解しやすいように組み立ててあり，そのなかでソーシャルワーカーの視点なども記述されている．

(5) 在宅支援《地域（コミュニティ）を理解する》

　まず，自分の住んでいる地域について関心を持つことから始め，人は地域において固有の営みを持っていることを前提に，地域の情報収集の手段や方法，実態及び社会福祉協議会やNPO，NGOなど地域や福祉に関わる諸機関の機能や専門性を理解させ，生徒自身が受け身ではなく自らが主体的に行動を起こし積極的に関わっていく姿勢を動機づけていく必要がある．

①大橋謙策編『コミュニティソーシャルワークと自己実現サービス』（万葉舎，2000年）

　個人の尊厳，介護者，要介護者の自己実現とそれを実現させる社会福祉援助技術としてのコミュニティソーシャルワークというコンセプトで描かれており，福祉コミュニティのあり方を論じている．

②高森啓久他共著『地域福祉援助技術論』（相川書房，2003年）

　この本は地域福祉全般について書かれたものであるが，第5部に地域福祉援助の技術演習（地域福祉援助技術演習入門；コミュニティワーク

のスキルとドラマほか）が具体的に述べられており，数少ない地域福祉に関する演習の展開について理解できるようになっている．

③ 竹内孝仁著『ケアマネジメント』（医歯薬出版，1996年）
　ケアマネジメントは高齢者介護を中心とした非常に重要な支援技術である．

　高齢者に対するケアマネジメントは介護支援専門員(ケアマネージャー)が本人の状態を確認しその調査のもとケアプランを作成し，要介護者である場合は，施設または在宅にて適切なサービスを受けられるように必要なサービスの提供を確保し，在宅生活等を支援することになる．本書は，ケアマネジメントのシステムやその展開方法などを多角的に論述している．

(6) 福祉における権利擁護とウエルビーイングの重要性（差別・偏見・権利擁護）

　福祉教育の核は，日本国憲法第13条における「個人の幸福追求権」と同法第25条における「基本的人権と生存権の保障」の具現化であり，その理念である「人権の尊重」と「自立支援」を根本においた援助の展開である．差別という人道的な問題や，障害者や痴呆性高齢者など生活弱者への権利擁護は避けて通れない課題である．抽象的な論議よりもむしろ具体的に，報道特集，新聞や事例集，生徒の体験などを通して理解させる必要がある．

① 川村隆彦著『価値と倫理を根底においたソーシャルワーク演習』
　（中央法規，2002年）
　ソーシャルワークを展開する上での「倫理」と「価値」の問題を正面

からとらえ，短い物語を通して権利擁護を身近な問題として生徒に身につけさせることを目的として展開されている．

② 髙橋重弘編著『こどもの権利擁護』（中央法規，2000年）
　演習を目的とした本ではないが，いくつかの実践事例をとおして児童の現状と権利擁護のあり方を具体的に提案している．

―**Point**――――――――――――――――――――――――
☞　「差別」「偏見」「人権尊重」についての演習のプログラム作成では，テレビ特集番組やコミック，報道写真集などを利用し視覚的に演習を展開した方が，イメージが湧きやすく多角的な意見が出てくることが期待できる．
―――――――――――――――――――――――――――

Ⅲ.「社会福祉演習」の学習指導計画と評価の視点

　先に述べた内容に従った社会福祉演習の学習指導について年間指導案，単元の学習指導案，1単位時間の学習指導案の実例を提示する．

1. 年間指導計画の例 （4単位・140時間を1年間で行う場合を想定）

学期	月	単元	指導内容	配当時間
1	4	1.社会福祉演習の目的と方法	(1)社会福祉演習の目的 (2)社会福祉演習の方法	10
	5	2.社会福祉演習の方法と実際	(1)自己理解と他者理解 (2)コミュニケーションの取り方	25
	6	3.生徒個人の主体性とグループ活動の推進	(1)KJ法等を用いた個人の主体性尊重と集団討議 (2)ロールプレイングを用いた人間理解	20
	7	4.社会福祉援助過程の理解	(1)事例分析を通して，社会福祉援助過程の理解	5
2	9 10 11	5.自分の住んでいる地域を理解する〈調査，研究〉	(1)住民と地域福祉 (2)自分の住む街の社会的構造や特徴，福祉の視点の大切さを理解する (3)「共生」「ノーマライゼーション」「ソーシャル・インクルージョン[4]」それぞれの理念の理解と現状 (4)インタビューの準備 (5)地域住民へのインタビューを通して福祉の課題を探る (6)インタビュー終了後の課題の整理 (7)検証 (8)フィードバック	55
3	12	6.ケアマネジメントを理解する〈事例研究〉〈ケアプラン〉	(1)事例やビデオなど視覚的な教材を中心にケアマネジメントの重要性と方法を理解させる	10

学期	月	単元	指導内容	配当時間
3	1	7.権利擁護とウエルビーング〈事例研究〉	(1)視聴覚教材等を用いて差別と偏見,権利擁護へ意識を高める	10
	2			
	3	8.社会福祉演習全体のフィードバックと個別発表	(1)演習を通して学習したこと,反省点の気づき	5

2.「社会福祉演習」の学習指導案例

「社会福祉演習」の学習指導案

指導教諭氏名　　〇〇〇〇　　印
教育実習生氏名　〇〇〇〇　　印

指導学級　　〇年〇組（生徒数〇〇人）
（男子〇人，女子〇人）

(1) 単元名
自分の住んでいる地域を理解する〈調査，研究〉

(2) 単元の目標
自分の住んでいる地域の状況を実際に調査し，観察し，住民にインタビューをしながら地域の特性や特に福祉面での現状と課題を理解しあるべき姿を考えさせる．

(3) 単元設定の理由
施設や行政などへの見学やボランティアなどは比較的行われているが，実際に地域に住む外国人，高齢者，障害者，乳幼児を連れた母子などに配慮している環境なのか実践的に検証し，みんなで望ましい地域のあり方を提案する．

(4) 単元指導計画 （55時間扱い）

時間	学習活動	指導上の配慮事項
5時間	1.住民と地域福祉 (1)地域福祉とはなにかの理解． (2)家族などを通した住民と福祉との一般的な接点，関わり．	・行政機関や福祉事務所，保健所，社会福祉協議会等と地域住民との関わり，フォーマルとインフォーマルサービスなどについて学習する．
10時間	2.自分の住む街の社会的構造や特徴，福祉の視点の大切さを理解する (1)まず自分の住んでいる街を理解するため，グループで「街の宝物」を探す． (2)次に自分の街における福祉を目的とした設備等を挙げさせる．	・住んでいる街の詳細な地図（1万分の1程度）を各グループ毎に用意する． ・付箋を渡し，可能な限り自分の街にある沢山の宝物を書き出す（特に福祉に拘らなくても良い）． ・各グループ5名程度． ・KJ法などを用いてグループでまとめ，模造紙に書き出し全体に発表する． ・「街の宝物」について福祉目的利用も試みる． ・選択した理由を付けさせる． ・その場合，グループ毎にプレゼンターを決めその生徒に発表させる．
15時間	3.「共生」「ノーマライゼーション」「ソーシャル・インクルージョン」それぞれの理念の理解と現状 (1)福祉の視点で必要なノーマライゼーションとバリアフリーの理解． (2)日常的に関わることの少ない在留外国人などが地域で生活する場合抱える課題と人権意識の大切さを学ぶ．	・特に障害者や高齢者などに配慮が必要な視点や，共に地域で生活する大切さを理解させる． ・在留外国人や路上生活者などが地域で生活する場合に抱えている問題や孤立している家族，少子化問題などを新聞記事や報道番組を利用し，身近な問題として理解させる．

時間	学習活動	指導上の配慮事項
5時間	4.インタビューの準備 (1)インタビューにおける注意事項の説明.	・インタビュアー,観察者,タイムキーパーなどを事前に役割分担する. ・インタビュー等をする場合,身分と目的を明確に述べ,礼儀正しさや丁寧な言葉遣いなど基本的な指導をする. ・相手が忙しそうなときは,観察するだけで理解できることもあるし,一学期で学んだコミュニケーションの取り方を実践場面として反復させる良い機会でもある.
5時間	5.地域住民へのインタビューを通して福祉の課題を探る (1)30分程度,どこを歩くかグループ毎で話し合う.	・最初から,問題のある場所に向かうのではなく,インタビューを通して個々の人の感じている課題を探る姿勢が大切である. ・インタビューには,ある程度質問内容を統一しておいた方がよい.
	(2)複数回実施できるように企画し,ある程度聞き取り場所を絞り,街を歩き,杖歩行の高齢者,電動車椅子利用者等の障害者,乳母車を利用している母親,外国人など可能な限り多種の福祉の配慮が必要な人にインタビューする.	・外国人にインタビューした場合,例えば「働く場所が無い」という訴えには,グループでハローワークや市役所に出向き実際に行われている就労斡旋の状況を確認し,乳幼児を連れている人にインタビューした場合は自分の時間が確保出来ないことや相談相手の不足,保育所が少ないなどが問題として提起されることが予測される.
5時間	6.インタビュー終了後の課題の整理 (1)実際にその場所もしくは制度に関心を寄せ,具体的に問題点を検証する.	・疑問点や問題点は余り幅を広げない方が良く,1～2点に絞り焦点化するよう指導する.

時間	学習活動	指導上の配慮事項
8時間	7.検証 (1)疑問→考察→提案のプロセスを踏まえ，その解決方法を探る．	・また，設備や場所に問題があるときは，実地検証することも必要である． ・制度的な問題などは，市役所や保健所や商店などで疑問点や状況などの説明を受けるなど． ・可能であればグループで話し合い，「自分が住みよい街とは」というテーマで学内新聞や学校祭などで提案をすることも良い方法である．
	(2)プレゼンテーション．	・グループ毎に，模造紙やイラストマップを作成し発表する． ・その場合，聞いたことや実際に見たことと自分たちの感想，提案は分けて報告するようにする． ・人口や自然環境，建物，産業や各種主要施設などの説明も必要である．
	(3)本演習のまとめとして，教員より「誰もが住みよい街づくり」について授業を行う．	・居住している市町村の保健福祉計画の内容や高齢化率・生活保護率等データーとそれが意味することを生徒に提示することも大切である．
2時間	8.フィードバック (1)フィードバック用紙への記載	・生徒一人ひとりが今回の単元をとおして学んだことや難しかったこと，反省点などの発表の機会を与えることは大切である．

【特にインタビューに関する注意事項】

①歩くルートは，グループが重複しないようにする．

②宝物を探す場合や，インタビューをする場合はその地域で営んでいる「生活者の視点」で捉えるよう指導する．

③タイムキーパーを置き，行動時間等も正確に管理配分できるよう指導する．

④インタビュー時には余りラフな服装ではなく，制服等の親しみのある服装を心がける．

(5) **本時の指導計画**

①**指導日時**
平成○年○月○日（○曜日）○校時

②**本時の主題**
課題と解決方法についてのグループ発表（プレゼンテーション）

③**本時の位置**
「自分の住んでいる地域を理解する〈調査，研究〉」（55時間）の51時間目

④**本時の指導目標**
　生徒がそれぞれのグループにおいて自分たちの考えをまとめ，模造紙に単に文章の羅列ではなくイラストや表などを使用しビジュアルに発表させることなどを通して，構成員個々人の自己主張を促しグループの討議をとおして凝集性を高めることを目標とし，また本単元の主題である「自分たちの街」の特に福祉的な側面を体験的に理解させる．

　なお，本時の前に担当教員がプレゼンテーションに必要な視点や具体的な方法，すなわち発表時間（例えば15分間）内にどうまとめ，インパクトのある表現をすることが出来るかを指導しておいたほうがスムーズな進行が期待できる．

⑤**本時の展開**

指導課程	時間	学習内容	指導上の留意点
導入	5分	1.発表するグループの順番を決め，全体司会及びタームキーパーを選出する．	・本プログラムをスムーズに運ばせるため，可能な限り生徒の自主的な運営管理を目指し，運営方法などの質問等あれば事前に

指導課程	時間	学習内容	指導上の留意点
			丁寧に回答するよう配慮する必要がある．
展開	35分	2.グループ内における役割分担の発表からスタートし，プレゼンターは模造紙の内容に従い，インタビューのねらい，対象や方法，疑問，検証，考察，提案など順次説明をしてゆく．	・1グループは15分を基本として，2グループとその間の5分の移動時間を確保する． ・教師は，プレゼンターの声量やスピード，聴衆の態度など全体を管理し，必要であればその都度アドバイスを与える．
まとめ	10分	3.発表が終わった段階で，グループ内の他の生徒からの補足説明及び生徒からの発表に対する質問などを受け付け，課題に対する認識を共有する．	・グループ発表全体に対する感想とプレゼンターに対する発表スタイルについて客観的な指導を行い，次のグループへの示唆を十分に行う必要がある．

⑥ **本時の資料**

(a) 模造紙各グループ1枚．

(b) 多色ポスターカラー（6色以上で裏写りしないもの（例）ポスカ）各グループに1つ．

(c) ボードマグネット，セロテープ（黒板への模造紙の固定用）．

(d) フィードバック（振り返り）用紙人数分．

⑦ **評価の観点**

(a) グループに対して

・グループ作業として統一した動きが取れていたか．

・グループ内のメンバー全員がこの演習に参加できていたか．

・役割をうまく全員に分担できていたか．

・リーダーが全体を把握し，指示をしていたかどうか．

・参加者全員が楽しんでいたかどうか．

(b) プレゼンテーションとして

- ・「目的を明確に話す」「論旨が一貫していて，訴求力がある」「論理的で明快である」など，内容が充実していたか．
- ・「聴き手への視線に注意する」「豊かな表情で話す」「自信と迫力をもって話す」ことができていたか．
- ・「ポイントを絞り，強調する」「反応を確かめ，話のスピード，間の取り方（テンポの良さ）」「資料の棒読みにならない」などに気をつけていたか．
- ・参加者を見ながら，身振り（ノンバーバル）を意識しながら話を進めることができていたか．

【注】
1）『ソーシャルワークが展開できる社会システムづくりへの提案』日本学術会議第18期社会福祉・社会保障研究連絡委員会の用語定義より（2003年6月）
2）川喜多二郎著『発想法』（中央新書，1967年）
3）山縣文治・柏女霊峰『社会福祉用語辞典』（ミネルヴァ書房，2000年）
4）貧困者や失業者，ホームレス等を社会から排除された人と捉え，その市民権を回復し，再び社会に参入することを目標としておりその実現に向けて公的扶助や職業訓練，就労機会の提供等が総合的に提供する必要があるという理念であり，イギリスやフランス等のヨーロッパ諸国で近年盛んに唱えられている．

【引用・参考文献】
[1] D.エバンス，A.アイビー著 杉本照子監修『面接のプログラム学習』（相川書房，1990年）
[2] 日本社会福祉士会編集『社会福祉士実践事例集II』（中央法規，2001年）
[3] 社会福祉教育方法・教材開発研究会編『新社会福祉援助技術演習』（中央法規，2001年）
[4] 澤伊三男，小嶋章吾等編著『社会福祉援助技術演習ワークブック』（相川書房，2003年）
[5] 渡部律子著『高齢者援助における相談面接の理論と実際』（医歯薬出版，1999年）

第 10 講
「福祉情報処理」の教育法

Ⅰ.「福祉情報処理」の目標と内容

1. 目標

　社会における情報化の進展と情報の意義や役割を理解させるとともに，情報処理に関する知識と技術を習得させ，福祉の各分野で情報及び情報手段を活用する能力と態度を育てる．

2. 内容

(1) 高度情報通信社会と福祉サービス
　　ア　高度情報通信社会
　　イ　コンピュータの利用分野と福祉サービス
　　ウ　情報モラルとセキュリティ
(2) コンピュータの仕組みと活用
　　ア　コンピュータの仕組み
　　イ　コンピュータによる情報処理
(3) 福祉サービスとコンピュータの活用
　　ア　情報の収集，処理，発信

イ　福祉サービスの各分野におけるコンピュータの活用
　ウ　コンピュータを活用した高齢者・障害者の自立生活支援
　　　　　　　　　　　　　　　　（高等学校学習指導要領「福祉」）

Ⅱ.「福祉情報処理」の教材研究

「福祉情報処理」は,コンピュータをコンピュートする(compute)機械として使用する能力を習得させるものだけではなく,コンピュータがどのように社会福祉活動に用いることができるかを生徒自身が理解できるように授業をおこなう必要がある.また,アプリケーション・ソフトの使い方を習得することも必要であるが,それのみにとらわれずグローバルな知識を身につけさせることを考え,あわせてコンピュータを利用することでのメリットを理解させるように心掛けるようにする.

1.高度情報通信社会と福祉サービス

(1) 高度情報通信社会
①高度情報通信社会とは

従来までは,スタンドアローン型で情報処理をおこなうための道具でしかなかったコンピュータが,情報通信技術の飛躍的な進展にともなって,通信ネットワーク(LAN,WAN)に接続して使われるようになった.コンピュータが全世界に繋がってグローバルなネットワーク(Internet)を形成し,さらに一方通行ではなくインタラクティブ(双方向性)な世界が現実のものとなってきた.このような情報処理とネットワーク通信がボーダレスになったことにより実現される

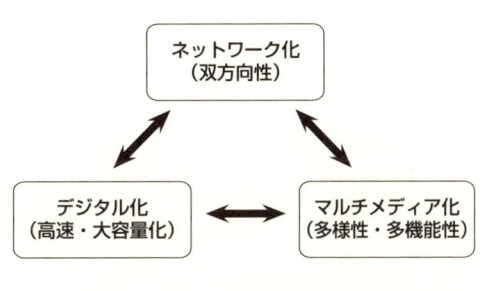

図10-1　高度情報通信社会の関係図

社会なのである.高度情報通信社会の特徴としては,「ネットワーク化」,「デジタル化」,「マルチメディア化」などが挙げられ,このことにより私たちの社会は大きく広がっていくのである(図10-1).

また,高度情報通信社会推進本部の決定[1]では,「高度情報通信社会とは,人間の知的生産活動の所産である情報・知識の自由な創造,流通,共有化を実現し,生活・文化,産業・経済,自然・環境を全体として調和し得る新たな社会経済システムである.このシステムは,制度疲労を起こした従来のシステムにとって代わり,かつての市民革命や産業革命に匹敵する「情報革命」とも言える変革の潮流を生み,経済フロンティアの拡大,国土の均衡ある発展の促進や,真のゆとりと豊かさの実感できる国民生活が実現されるものと期待される.」と報告されている.

IT(情報技術)の本質は,情報機器技術ではなくて情報通信技術である.ITではなくICT(Information and Communication Technology)というのが適当であろう.

基本的な用語(ほんの数例)を上げておく(表10-1).また情報通信関連の用語は次々と新しい言葉が増えていくため,常に新しい情報を得る努力(新聞,テレビ,雑誌等)も必要である.

②通信ネットワークの規模

現在,世界中にネットワークが張り巡らされている.その規模によって

表10-1 情報・通信関連用語

情報関連用語	情報,情報価値,情報通信,アナログ,デジタル,ユビキタス
通信関連用語	ネットワーク,インターネット,LAN,ブロードバンド,ナローバンド,衛星放送,BS(放送衛星),CS(通信衛星),CATV,FTTH,xDSL,ISDN,携帯電話,PHS,CDMA,モバイル,PDA,IPv6,パケット

大まかに以下のように分けることができる．

(a) LAN（Local Area Network）
　小規模な通信ネットワーク形態で同一構内，建物内などの比較的狭い場所に分散配置されたコンピュータ等で構成される私設ネットワークをいう．データの高速かつ大量伝送や負荷分散，資源の共有等の目的で構築される．ネットワークトポロジー[2]には，バス型，スター型，リング型がある（図10-2）．

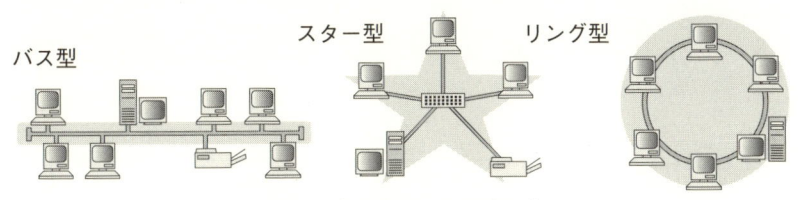

図10-2　ネットワークトポロジー

(b) MAN（Metropolitan Area Network）
　LANの高速・広域化にともない，地域ごとにLANの有機的結合を目指したネットワークである（図10-3）．各LANを高速回線で接続する基幹LANを設置することで形成される．また，接続されるLANを支線LANという．

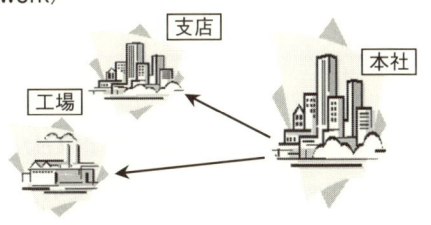

図10-3　都市部内のネットワーク

(c) WAN（Wide Area Network）
　大規模なネットワーク形態で遠隔のコンピュータ同士を公衆網等により相互接続した形である（図10-4）．そのため，使用

図10-4　国内の本社・支店・工場などを結ぶネットワーク

第10講　「福祉情報処理」の教育法　　207

に際しては電気通信事業者に通信料金を払う必要がある．広域網ともいう．

(d) GAN(Global Area Network)

国際規模の広がりを持つネットワーク（図10-5）．大規模なWANを指していったりする場合もある．国際化にともない，広域ネットワークの構築には欠かせない技術である．

図10-5　国際間を結ぶネットワーク

― **Point** ―
- ☞ *1*. 高度情報通信社会について理解する．
- ☞ *2*. 高度情報社会が私たちの生活にどのように関わってくるかを理解する．
- ☞ *3*. 基本的な用語を理解する．

(2) コンピュータの利用分野と福祉サービス

① なぜコンピュータを利用するのか？

　一般にコンピュータが多く利用される背景には，情報の処理および伝達の手段としてコンピュータという機械が優れた能力を有しているからである．情報化するというと，単にコンピュータの利用を想像してしまう人も少なくない．しかし，コンピュータが必ずしも情報化に必要不可欠ということではない．情報化するにあたってのその手段にカードや台帳という処理方法もあってよい．しかし，コンピュータには前述のようなすばらしい能力を有している機械である．この優れた機能を有効的に取り入れながら利用して福祉サービスに役立たせる必要がある．

②福祉情報とは

福祉サービスにおいて意識的に福祉情報を利用することで，福祉サービスを受ける側，サービスを与える側，地域福祉サービスなどが相互に生活支援を図ることができると考えられる．

③福祉情報システムについて

福祉情報システムは，次のようなものが考えられる．

(a) サービス資源情報提供システム

福祉サービスや制度，施設や機関などについてのデータベースを作成し，利用できるシステム．

(b) ニーズキャッチシステム

サービス利用者や待機者などのニーズに即対応ができるように，あらかじめユーザの状況を把握し，ニーズの変化に応じて書き換え可能なシステム．

(c) 台帳管理システム

サービス利用者の状況や処遇内容などをファイル化し，処遇計画や処遇方針に活用するシステム．

(d) ケアマネジメントシステム

ICカードなどを利用して，利用者の状況やサービス利用状況を全体的に把握し，ニーズ評価からケアプランの作成，サービスの実施に至るまでを管理するシステム．

(e) 行政事務処理効率化システム

複雑多様化し増大する福祉行政事務処理（申請事務，費用請求事務など）を効率的に処理することを目的としたシステム．

(f) 緊急通報システム

一人暮らしで病弱な高齢者などが，緊急時に外部との連絡を情報システ

ムによっておこなうことで，安全性を確保しようとするシステム．

　(g) 企画・統計システム

　業務上の統計やデータを蓄積しておき，推計や企画に活用しようとするシステム．

　(h) 処遇診断・判断推進システム

　福祉ニーズを有する状況を条件入力することで，利用できるサービスや施設を紹介するシステム．

　(i) 住民参加・情報交換システム

　ボランティア活動などへの参加情報や福祉に関するさまざまな情報を，インターネットなどを利用して提供・交換するシステム．

④福祉サービスについて

　福祉サービスに対するコンピュータの利用を考えたときに，サービスを提供する側と受ける側の2つの側面を捉えなくてはならない．また，福祉サービスの形態を考えると，1つは在宅福祉サービスであり，もう1つは施設福祉サービスという形態がある．

　在宅福祉サービスと施設福祉サービスでは，環境の違いを考慮する必要がある．在宅福祉サービスでは，在宅者がコンピュータのユーザと管理者の両方の役割をこなさなくてはならない．電子メール，Webなどを利用した情報の収集と発信，カメラを利用した在宅者監視システムなどを考えた場合，家庭内だけでコンピュータを利用するのではなくて，家庭と福祉施設，行政機関，病院との公衆回線等を利用したネットワークも必要である．

　また，施設福祉サービスでは，施設内でのさまざまなデータ管理（入所者の個人情報，施設利用の出納など）や所内の施設機器の管理もコンピュータで行える．在宅福祉サービスの場合と同様に，ネットワークも必須となるであろう．この場合には，地域福祉ネットワークのことも考慮に入れ

る必要がある．

　そのため福祉サービスを考えるときには，多くの福祉ニーズをすばやく的確に処理することが必要であり，また地域福祉も含めた福祉サービスを考えるとコンピュータを利用してネットワーク型の福祉サービスシステムを構築することが不可欠である．

⑤情報の収集・処理・発信

　Webを利用することでさまざまな情報の収集や発信がおこなえるようになる．また，コンピュータを利用することでデータ処理を電算化することができ，処理の効率化やデータの保管がスムーズにおこなえるようになる．また，電子メールでは，テキストデータのみならず画像や音声も同時に送信することが可能である．なお，情報を発信するときには，匿名性やなりすまし，個人情報の保護と漏洩などにも注意する必要がある．

⑥ITバリアフリーについて

　ユビキタス社会を考えると，デジタル・デバイド（情報格差）の人を忘れて考えることはできない．視覚に障害を持っている人は，コンピュータの画面を見ることができない．また聴力に障害のある人はコンピュータから聞こえてくる音や音楽が聞こえない．キーボードについても手に障害がある人では扱うのが難しい．このように心身に障害を持つ人を「IT弱者」と呼ぶと，まず福祉サービスにコンピュータ利用を導入することを考えたときに，IT弱者のためにユニバーサルデザインなコンピュータやシステムの開発や利用も忘れてはならないことである．

　昨今では，コンピュータが万能であるかのような扱われ方をしているが，障害を持っている人や高齢者にとって，必ずしもコンピュータは「人にやさしい機器」ではない．そのためには，ハードウェアをどのように設計す

るのか，ソフトウェアはどのように開発するのかを考える必要がある．

例えば，視覚障害者や高齢者などのユーザを考慮したホームページでは，画面の文字を極端に大きく表示することで画面を見やすくする (http://www.ikigai.jp/ikiikinet/ikiiki_bk/)．また，画面に書かれている文字を音声で読み聞かせてくれるようにもなっている (http://www.fukunavi.or.jp/etc/rakuweb/index.html)．

---**Point**---

☞ *1.* 在宅福祉サービスと施設福祉サービスの違いを理解する．

☞ *2.* コンピュータを利用することで，広がる福祉サービスへの可能性を考えてみる．

☞ *3.* IT弱者やユニバーサルデザインについて考えてみる．

---

(3) 情報モラルとセキュリティ

①情報モラル

情報社会においてトラブルなどに巻き込まれず，また，知らないうちにトラブルを巻き起こしていたということにならないため，適正な活動を行うための基になる考え方と態度を情報モラルという．基本的には，「自分の身を守る」，「他人に迷惑をかけない」の2つに集約される．ルールやマナーは，日常生活の中にもあるようにネットワークを利用する上にも存在することを忘れずに利用することが必要である．また，ネットワークを利用する上で心掛けなければならないものに，ネチケット[3]というものもある．

(a) 情報収集における情報モラル

・著作権を侵害しない．

・信憑性のない情報は収集しない．

・ウィルスなどから身を守るセキュリティ意識を持つ．

・有害（アダルト，反社会的，残酷）な情報にアクセスしない．
(b) 情報発信における情報モラル
・他人のプライバシーを侵害しない．
・個人情報の取り扱いに気をつける．
・著作権を侵害しない．
・チェーンメールを送らない．
・デマやウソなど正しくない情報を発信しない．
(c) コミュニケーションにおける情報モラル
・チャットや掲示板で他人を誹謗中傷しない．
・過度にインターネットに熱中しない．
・出会い系サイトなどで身元の分からない相手との情報交換はしない．
(d) ハイテク犯罪に係る情報モラル
・インターネットオークションなどにおける詐欺にかからない．
・他人のパスワードなどを使って不正アクセスをしない．

② セキュリティ

　2001年から2002年にかけて，官公庁のWebサイトへの相次ぐクラッキング事件や，「Nimda」，「CodeRed」に代表される強力なワームの出現などが続いた．それにともない，一般の新聞やITとは直接縁のないような雑誌においても，これらネットワーク・セキュリティに関するキーワードをたくさん目にした．そして2003年夏には，「MS-Blaster」，「Welch」というコンピュータがインターネットに接続しているだけで感染してしまうウィルスも発見された．2004年1月には「Mydoom」というワームが発見され，2月にはMydoomに感染したシステムを狙う「Doomjuice」も発見されている．

　コンピュータに対する従来おこなわれているアタック手段としては，WebサーバのCGI（Common Gateway Interface）やアプリケーションな

表10-2　情報モラル・セキュリティ関連用語

情報モラル セキュリティ 関連用語	知的財産権（知的所有権），著作権（財産権），著作権の原則的保護期間，著作者人格権，著作隣接権，著作権条約，著作隣接権条約，著作権侵害，著作者人格権侵害，プライバシー保護と個人データの国際流通についてのガイドライン，パブリック・ドメイン，フリーウェア，シェアウェア，不正アクセス，コンピュータ・ウィルス，ワーム，ポートスキャン，トロイの木馬

どの比較的上位のレイアを攻撃するものが多かった．その中でも「バッファ・オーバーフロー」はプログラムが想定する以上のURL（Uniform Resource Locator）などの文字列（コード）を送り込み，ワームなどのプログラムを実行させる方法である．バッファ・オーバーフロー以外にも悪意のあるユーザはアプリケーションが持つセキュリティホールを利用して侵入を試みる．このようにコンピュータがネットワーク化されることによって，さまざまな問題がおこってくる．コンピュータの安全性と信頼性を保つためには，コンピュータ・アタック，不正アクセス，コンピュータ・ウィルスなどからコンピュータを守る努力が必要である．

また日頃から，「パソコンユーザのためのウィルス対策7箇条[4]」や「セキュアな環境を維持するために[5]」を心がけることも大切である．

---**Point**---

☞ 1. 情報モラルと情報セキュリティについて理解する．

☞ 2. ネットワークエチケットについて理解する．

☞ 3. 知的財産権について理解する．

2. コンピュータの仕組みと活用

(1) コンピュータの歴史

1649年にパスカルの歯車式加減算機の発明に始まり，ライプニッツが

表10-3　コンピュータの世代

世代		記憶素子・構造
第1世代	～1960	真空管
第2世代	1960～1965	トランジスタ
第3世代	1965～1970	IC（集積回路）
第3.5世代	1970～1980	LSI（大規模集積回路）
第4世代	1980～	VLSI（超大規模集積回路）
第5世代		人工知能
第6世代		ニューロ・コンピュータ，ファジー・コンピュータ

歯車式乗除算機を開発し，バベジの階差機関や解析機関の開発などの長い歴史を経て，コンピュータも大きくその形態を変化してきた．

コンピュータは当初，大量の真空管を使用して作られていた．電気技術の発達にともなって第1世代コンピュータから第4世代コンピュータまでと進化している（表10-3）．また第5世代コンピュータ以降は，記憶素子（ジョセフノン素子，ガリウム砒素素子など）による分類ではなく，そのアーキテクチャ（構造）によって行われていくと考えられている．

(2) コンピュータの仕組み

①コンピュータの機能と装置

コンピュータ・システムは，大きく分けて5つの機能からできている．それぞれの機能は，それぞれの装置によっておこなわれている．演算装置と制御装置をあわせて中央処理装置（Central Processing Unit）と呼ぶ．また，補助的なものとしてコンピュータ・システムの5つの装置には含まない外部記憶装置をあわせて，コンピュータ・システムと理解することもできる（図10-6）．

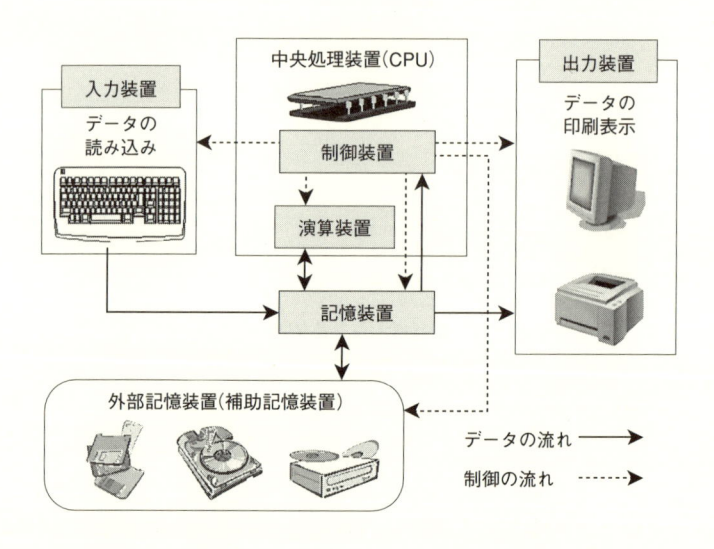

図10-6　コンピュータ・システム

(a) 入力装置（Input unit）

　人間とコンピュータの最初の接点であり，この装置によってデータやプログラムをコンピュータに入力したり，コンピュータに対して指示を入力したりする役目を持つ．

(b) 記憶装置（Storage）

　処理をおこなうときに，その処理に必要なプログラムやデータを記憶する装置である．現在のコンピュータは，ノイマン型コンピュータと呼ばれ，その仕組みはプログラム内蔵方式である．データの場所は番地（アドレス）で指定される．通常，補助記憶装置（外部記憶装置）に格納されているデータやプログラムは，主記憶装置（内部記憶装置）に移動させることによってその処理が実行される．

(c) 演算装置（Arithmetic and logic unit）

　プログラムの手順に従って四則演算や論理演算をおこなう装置である．主記憶装置に配置されているデータを材料として計算を行う．

(d) 制御装置（Control unit）

主記憶装置に配置されているプログラムに基づいて動く．命令の解読や実行を行い，データを主記憶から取り出したり，各装置に制御信号を送り，動作の制御を行う．

(e) 出力装置（Output unit）

主記憶装置や演算装置または補助記憶装置にあるデータや処理結果，プログラム，メモリダンプ等を出力する装置．

(f) 補助記憶装置（Auxiliary storage），外部記憶装置（External storage）

主記憶装置の容量を補うために使われる装置のことである．一般に主記憶装置よりも大容量のデータを保存することができるが，そのぶんデータ転送に時間がかかる．この補助記憶装置ではデータの場所は番地ではなくファイル名で指定される．

② ハードウェア（Hardware）

コンピュータ・システムを構成する機器そのもののことをいう．コンピュータ本体，入出力装置，補助記憶装置，通信機器などその他装置全般をいう（表10-4）．

表10-4　装置とその製品名

装置	製品名
コンピュータ本体	筐体，マザーボード，CPU，RAM，ROM
補助記憶装置	ハードディスク，フロッピディスク，テープ，MO，CD-ROM，CD-R/RW，DVD-ROM，DVD-R/RW，Zip，USBメモリー
入出力装置	キーボード，マウス，モニタ，グラフィックボード，ビデオキャプチャ，TVチューナ，PCMオーディオ，MIDI
通信装置	モデム，TA，ルータ，LANボード，LANカード

```
                    ソフトウェア
                         │
         ┌───────────────┴───────────────┐
    システムソフトウェア              応用ソフトウェア
         │                               │
   ┌─────┴─────┐                 ┌───────┴───────┐
 基本ソフトウェア ミドルウェア   共通応用ソフトウェア 個人応用ソフトウェア
   │            │                 │                │
 OS           GUI             在庫管理システム    顧客管理システム
 サービスプログラム データベース管理 経営情報システム  座席予約システム
 言語プロセッサ
```

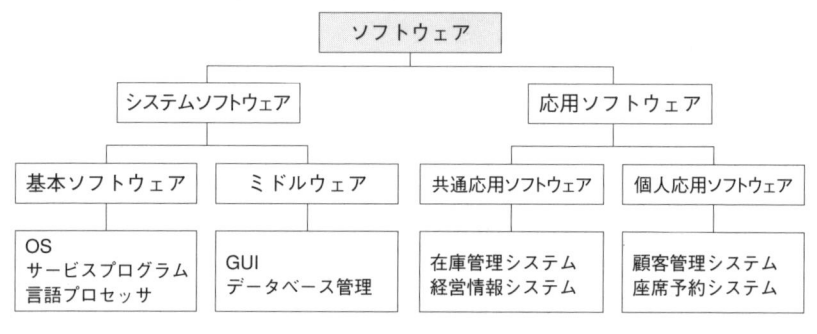

図10-7　ソフトウェア構成

③ソフトウェア（Software）

ソフトウェアは，その用途と性格によってシステムソフトウェアと応用ソフトウェア（アプリケーション・ソフト）に大別される（図10-7）．システムソフトウェアは，オペレーティングシステム（Operating System；OS）などの属する基本ソフトウェアとグラフィック・ユーザ・インタフェース（Graphic User Interface；GUI）などの属するミドルウェアに分かれる．また，応用ソフトウェアは，各分野で共通に利用できる共通応用ソフトウェアと，適応分野が限定される個別応用ソフトウェアに分類される．最近ではミドルウェアの重要性が高まってきている．

―Point―

☞ *1.* コンピュータの仕組みについて理解する．

☞ *2.* ハードウェアとソフトウェアの違いについて理解する．

---

(3) コンピュータによる情報処理

コンピュータ・リテラシやネットワーク・エシックを習得して，コンピュータを利用した問題解決能力を獲得することはとても重要なことである．実際に，自分が作りたいものがどのような応用ソフトを利用して，ど

のような操作をすることで作成できるのかがわからないと，せっかくコンピュータが目の前にあっても使いこなせない．そこで，それぞれの応用ソフトで基本的な内容・操作方法をまとめておく（表10-5）．この表に書かれている内容以外のことは，その応用ソフトで操作不可能であるということではない．例えば表計算ソフトのみを使用してレポートを作成してもいいわけである．しかし，応用ソフトにはそれぞれ専門とする機能が備わっているため，作業を効率的に行うのであれば，専門の応用ソフトを利用することを勧める．

表10-5　応用ソフトウェアとその実習内容

	内　容
キーボード操作	ホームキーとホームポジション，テンキー
マウス操作	クリック（左・右），ダブルクリック，ドラッグ，ドラッグ＆ドロップ
ファイル操作	保存，名前の変更，削除，フォルダの新規作成，フォルダ名の変更
Windowsの基本操作	ソフトウェアの起動と終了，ウィンドウサイズの変更（最小化，最大化，閉じる），コピー，貼り付け，切り取り
電子メール	受信，送信，返信，To，Cc，Bcc，添付
ブラウザー	URL，検索サーバ，印刷
グラフィックソフト	図形処理（描画・変形・修正），画像処理（画像の読み込みと保存・加工・修正）
ワープロソフト	文字入力，編集，保存，印刷，コピー，切り取り，貼り付け
表計算ソフト	データの入力・編集・訂正，数式の入力，グラフ作成，保存，印刷
プレゼンテーション	文字の入力・修正，編集，画像・動画の挿入
ホームページ作成	文字の入力・編集，画像の挿入，TAGの説明

---**Point**---
☞ *1.* OSの基本操作を身につけるようにする．
☞ *2.* コンピュータ・リテラシを獲得する実習を行う．
☞ *3.* 応用ソフトを利用して問題解決能力を獲得するようにする．

3. 福祉サービスとコンピュータの活用

(1) 情報の収集，処理，発信

情報の収集，処理，発信については，それぞれ専門の機能を有する応用ソフトを使用できる能力が必要となる．情報の収集，発信については，Webや電子メールを利用することでおこなうことが可能である．

①情報の収集について

検索サーバを利用してキーワードによる検索が行えるようになる必要がある．日本国内のみならず世界中から情報を得ることができる．そこで自分が何を探しているのか，どのような情報が知りたいかという情報の取捨選択ができる能力が必要となる．国内，海外の主要な検索サーバのURLを紹介する（表10-6）．

表10-6　検索サーバのURL

国内のサーバ		海外のサーバ	
Google	http://www.google.co.jp/	Google	http://www.google.com/
Yahoo! JAPAN	http://www.yahoo.co.jp/	AltaVista	http://www.altavista.com/
Excite	http://www.excite.co.jp/	Lycos	http://www.lycos.com/
Net Plaza	http://netplaza.biglobe.ne.jp/	Vivísimo	http://vivisimo.com/

②情報の処理について

情報の処理は，ワープロソフト，表計算ソフト，グラフィックソフトなど専門の機能を有する応用ソフトを活用して行うことができる．

③情報の発信について

ホームページを作成する場合には，ホームページを作成するための専用ソフトを利用するか，もしくはHTMLのTAG（タグ）を入力するかして作成する．なお，最近ではワープロソフトで文書を作成した後，保存するときにHTML形式のファイルを指定することでもホームページを簡単に作成することができる．情報の発信を行うときは，気をつけなければならないことがある．著作権，個人情報等については，特に注意をする必要がある．

──**Point**──────────────
☞ *1.* さまざまな応用ソフトの活用方法について理解する．
☞ *2.* 情報の発信のときに関する危機管理を理解する．
☞ *3.* シソーラスを使用して検索サーバを利用できるようになる．
─────────────────────

(2) 福祉サービスの各分野におけるコンピュータの活用

コンピュータの活用については，福祉情報ネットワーク，サービス提供者データベース，ボランティア情報提供，ケアプラン作成支援などがある．

参考例として三重県上野市の「福祉・介護情報分野における情報化事例調査レポート[6]」がある．

(3) コンピュータを活用した高齢者・障害者の自立生活支援

高齢者や障害者にとってコンピュータという機器は，必ずしも扱いやす

いものではない．例えば画面の文字の大きさやキーボードを例にとっても，高齢者や弱視の人には大きな文字で表示をするようなものでなければ読みづらいであろう．またキーボードでもフレキシビリティのある大きなキーを使用しているキーボードのほうがキーを押しやすいであろう．現在使用されているQwerty[7]やDvorak[8]などの文字配列キーボードでは対応ができず，キーボードとユーザの間になんらかのインタフェースを用意する必要もあるかもしれない．ユニバーサルデザインな機器が必要ということである．ユニバーサルデザインの例としては，脚力が弱ってきた人のための電動モータ付き自転車，肢体不自由者向けの音声認識技術によるワープロソフトなどがある．

　アメリカのW3C（World Wide Web Consortium）が，1999年5月5日にWCAG（Web Contents Accessibility Guideline）というガイドラインの勧告[9]をおこなっている．また米連邦政府は，2000年12月21日にリハビリテーション法508条における「アクセシビリティ・スタンダード[10]」を発表した．アクセシビリティとは，「連邦政府・機関が電子・情報技術を開発・調達・維持・使用する際に，連邦政府・機関が不当な負担を生じない範囲において，連邦政府・機関からの情報・サービスを求めている障害者が，障害を持たない公衆に提供されるのに相当する情報・データへアクセス可能とすることを保証すること」である．つまり，ホームページのデザインをアクセシブルなものにすること，画像や音声情報には字幕などの代替手段を付加することなどを義務付けているものである．

　ハードウェア面の改良がおこなわれただけでは自立生活支援にはならず，ソフトウェアの面の充実も必要になる．そのためには，ユーザ，援助者，行政が一体となった取り組みが必要であろう．また，実際に自立生活支援に役に立つコンピュータの活用となると，例えば次のような内容がソフトに組み込まれていると良いと思われる．

①教育・学習支援プログラムシステム
②自立支援プログラムシステム
③就労支援プログラムシステム

　これらの内容が，高齢者や障害の種類とその程度に関してそれぞれ対応ができるようなものでなければならない．

　ユニバーサルデザイン，アクセシビリティ，バリアフリーいずれをとっても，これからの福祉社会には必要不可欠なキーワードである．コンピュータについてもこれまで以上に取り入れていくべき考え方である．

　高齢者が主たる構成員とされ，インターネットなどにより交流を図ることを目的とした団体（シニアネット）が全国で設立されており，少なくとも50以上の活動が確認されている．その一つに，仙台シニアネットクラブ[11]がある．仙台中央郵便局からの委託を受け，平成10年3月から実施した「60歳から楽しむインターネット教室」の修了者を核として，平成10年6月に発足した団体である．同クラブは，活動の目的を，①高齢者がインターネットなどに親しみ情報弱者にならないよう相互に研鑽と親善に心がける，②パソコンの操作に習熟した高齢者がその技術を積極的にボランティア活動に活用するという2点に置き，行政・企業などの支援を受けながら組織的な発展に努力している．

Ⅲ.「福祉情報処理」の学習指導計画と評価の視点

　上記のような内容に基づく福祉情報処理の学習指導について，年間指導計画案，単元の学習指導案，1単位時間の学習指導案の実例を提示しておく．

1. 年間指導計画の例 （2単位・70時間を1年間でおこなう場合を想定）

学期	月	単元	指導内容	配当時間
1	4	1.高度情報通信社会と福祉サービス	(1)高度情報通信社会	1
			(2)コンピュータの利用分野と福祉サービス	4
	5		(3)情報モラルとセキュリティ	5
		2.コンピュータの仕組みと活用	(1)コンピュータの仕組み	5
	6		(2)コンピュータによる情報処理	25
	7			
2	9	3.福祉サービスとコンピュータの活用	(1)情報の収集，処理，発信	15
	10			
	11			
	12		(2)福祉サービスの各分野におけるコンピュータの活用	10
3	1			
	2		(3)コンピュータを活用した高齢者・障害者の自立生活支援	5
	3			

2.「福祉情報処理」の学習指導案

「福祉情報処理」の学習指導案例

指導教諭氏名　　○○○○　　印
教育実習生氏名　　○○○○　　印

指導学級　　○年○組（生徒数○○人）
（男子○人，女子○人）

(1) 単元名

福祉サービスとコンピュータの活用

(2) 単元の目標

情報の収集や発信を行うときに利用するWebについて，ユニバーサルデザインを意識したページの作成練習を行う．

(3) 単元設定の理由

Webは，1989年スイスの欧州素粒子物理学研究所（European Organization for Nuclear Research；CERN[12]）のTim Berners-Lee氏らが提案した広域情報システムである．開発の当初の目的は，学術論文を電子雑誌としてコンピュータの画面に表示させるとき，文字だけではなくて画像も一緒に表示できるようにしようとした．そして，ネットワーク上にハイパーテキストを構築し，あらゆる情報を継ぎ目なしにアクセス可能とすることを目的として作られた．ハイパーテキストとは，「テキストを超

えたテキスト」という意味で，文書を本のように順番に読み進めるのではなく，あちらこちらへ自由に飛びながら，自分の興味にしたがって文書中の必要な話題を拾い読みしてくことができるものである．このハイパーテキストのプロトコル[13)]を使用して，マークアップ[14)]した言語ということでHTMLが開発された．このように当初は，研究のためのツールとして考えられていたWebもインターネットを経由してWorld Wide Web（WWW）とその規模を拡大させ，最近では一般家庭にまで広く浸透して多くのユーザが利用している．

　しかしながら，このWebも健常者にとっては見やすい画面であっても障害を持つ人たちには必ずしも見やすいものではない．そこで，障害を持っている人にやさしいユニバーサルデザインなページについて考え，実際に生徒自身が有しているパソコン能力を活用してWebページの作成を行うことを目標とする．

(4) 単元指導計画 （30時間扱い）

時間	学習活動	指導上の配慮事項
(15時間) 5時間 10時間	1.情報の収集，処理，発信 (1)情報の収集 (2)情報の発信	・検索サーバを利用して自分が必要としている情報の検索練習を行う． ・ホームページ作成支援ソフトを使用してホームページの作成を行う．ホームページ作成支援ソフトの使い方を練習させることが大切である（可能なら，2，3個程のタグについて説明をすることでHTMLについての理解度が深まる）．
(10時間) 4時間 6時間	2.福祉サービスの各分野におけるコンピュータの活用 (1)人にやさしいWebページ (2)ホームページの内容	・高齢者や視覚障害者の人が画面を見たときに読みやすい文字サイズ，画面のレイアウト等を説明し理解させ，生徒

時間	学習活動	指導上の配慮事項
（5時間）	3.コンピュータを活用した高齢者・障害者の自立生活支援 (1)自立生活支援とは何かを考える	にホームページを作成させる． ・読みやすい文章，わかりやすい表現とは何かを考えて作成させる． ・グループごとで，行政，NPOなどが運営している高齢者・障害者の自立生活支援サービスを検索し，それらのページの長所・短所を発表させる．

(5) 本時の指導計画

①指導日時

平成○年○月○日（○曜日）○校時

②本時の主題

人にやさしいWebページ

③本時の位置

「福祉サービスとコンピュータの活用」（30時間）の16時間目

④本時の指導目標

高齢者や障害を持った人に気を配って作成されたWebがインターネット上には多く存在している．それらのページを参考にして，Web画面のユニバーサルデザインについて理解をさせる．

⑤本時の展開

指導課程	時間	学習内容	指導上の留意点
導入	5分	1.学習準備	・Webの便利さや有用性について理解させる．

指導課程	時間	学習内容	指導上の留意点
展開	35分	2.見る人のことを考えたページ (1)高齢者の利用を考えたページ (2)視覚障害者の利用を考えたページ	・予め参考となるページのURLを調べておき，そのURLを紹介する．このことでページを検索するための時間が大幅に節約できる．
まとめ	10分	3.画面のデザイン等を考える	・どのように画面を構成して文字を表示させるようにすると，高齢者や障害を持った人がそのページを利用するときに見やすいかなどを考えさせる．

⑥ **本時の資料**

「ウェブコンテンツ・アクセシビリティ・ガイドライン 1.0」

http://www.zspc.com/documents/wcag10/

http://www.w3.org/TR/WAI-WEBCONTENT/

「オーサリング・ツールのアクセシビリティ指針 1.0」

http://fuji.u-shizuoka-ken.ac.jp/~ishikawa/authorin.htm

http://www.w3.org/TR/ATAG10/

「らくらくウェブ散歩」

http://www.fukunavi.or.jp/etc/rakuweb/index.html

⑦ **評価の観点**

人にやさしいWebとはどのようなものか理解ができたかを確認する．

(a) ユニバーサルデザイン，アクセシビリティをどのようにすれば解決できたWebページを作成できるかを理解できたか．

(b) Webページを作成できるようになったか．

(c) ユニバーサルデザイン，アクセシビリティのあるWebページを作成するにはどのようなものが必要であるかが理解できたか．

【注】

1) http://www.kantei.go.jp/jp/it/990422ho-7.html
2) ネットワークの接続形態のことで，ネットワーク機器や各端末機器がどのような形態で接続するかをいう．
3) http://www.cgh.ed.jp/netiquette/index.html
4) http://www.ipa.go.jp/security/antivirus/7kajonew.html
5) http://www.ipa.go.jp/security/fy14/contents/soho/html/index.html
6) http://www.nava21.ne.jp/~syunkei/zyouhou.pdf
7) QWERTY配列は，1874年にショールズがレミントン社から発売した初めのタイプライタと同じ配列．
8) 1936年にワシントン大学のドヴォラックが，アルファベットの頻出度に基づき打鍵効率の向上を徹底的に追求し開発．
9)「Webコンテンツ・アクセシビリティに関する指針1.0」
   http://www.w3.org/TR/WAI-WEBCONTENT/
10) http://www.usdoj.gov/crt/508/508home.html
11) http://www.soumu.go.jp/joho_tsusin/pressrelease/japanese/tsusin/000523j501.html
12) 旧名称「Conseil Europeen pour la Recherche Nucleaire」の略称を現在も使用している．発音は「セルン」．
13) コンピュータ間の接続方法や，データの受け渡しをおこなう際の手順や規則のこと．
14) 普通の文書に目印を付ける（マークアップする）ことで，その部分が文書中でどのような働きをしているかをはっきりと記述しようという考え方．

【引用・参考文献】

[1] 小林佳和『パソコンLANとインターネット技術』（NECクリエイティブ，1994年）
[2] 小林佳和『インターネット時代のパソコンLAN強化100』（NECクリエイティブ，1995年）
[3] 社会福祉・医療事業団『情報化時代の新しい福祉』（中央法規，1997年）
[4] 高橋三雄『わかりやすいコンピュータ用語辞典』（ナツメ社，1996年）

索引

■英字
GAN　208
ICF　67
ICT　206
IT　206
ITバリアフリー　211
KJ法　180
LAN　207
MAN　207
W3C　222
WAN　207
WCAG　222
Web　211, 225
WWW　226
QOL・(生活の質)　17

■ア
アプリケーション・ソフト　218
アクセシビリティ　222

■イ
生きる力　13
1単位時間　27, 37
医療ソーシャルワーカー　188
インフォーマルサポート　139

■ウ
ウエルビーイング　179, 186, 192

■エ
演算装置（Arithmetic and logic unit）　216
エンゼルプラン　71, 90
エンパワメント　180, 186

■オ
オリエンテーション　160

■カ
介護　154, 156
介護活動　128
介護観　154
介護技術　133, 153, 154
介護記録　129
介護の過程　129
介護福祉士　31
介護福祉士国家試験　28, 31
介護福祉士国家試験受験資格　17, 167
介護保険　91
介護保険制度　139
ガイドヘルパー　188
外部記憶装置（External storage）　217

科学性　42
各教科・科目等　25
学習指導案（教案・授業案）　37
学習指導要領　13, 19, 23, 27, 44, 105, 151
学習目標　44
家事援助　133
課題研究　177
学校設定教科・科目　23, 27
加齢　133, 143, 156
看護　127
観察　47, 50, 124
完全学校週5日制　13, 27
寛大化エラー　51

■キ
記憶装置（Storage）　216
企画・統計システム　210
擬似体験　89, 134
基礎介護　17, 20, 125
基本的人権尊重　131
客観的評価　46
客観テスト　48
教育・学習支援プログラムシステム　223
教育課程（カリキュラム）　13, 23, 41
教育課程審議会　13, 14, 31
教育施策　91
教育内容　23
教育評価　41, 59
教育目標　44
教科「福祉」　9, 19
教具　40
共感　183
教材研究　40
凝集性　178
虚弱　133
行政事務処理効率化システム　209
共同募金　80
記録　162
緊急通報システム　209

■ク
組合せ法　48
グループ　38, 178, 189
グループダイナミックス　181
グループディスカッション　165
グループホーム　140
グループワーカー　109
グループワーク　109, 121, 122

■ケ
ケアプラン　29, 140, 177

230

ケアマネジメント　140, 209
形成的評価　59
継続性　42
ケースワーク　108
傾聴　108, 119, 181, 183
契約　65, 160, 161
言語化　180
現場至上主義　153
現場実習　158
権利擁護　132, 192

■コ
公的扶助　67, 71
高度情報通信社会　203, 205
公民権活動　186
高齢化社会　9
高齢化率　9
高齢社会　9, 14
高齢者福祉　89
高齢者体験セット　134
ゴールドプラン　10, 12, 72, 89
個人性　42
子どもの権利条約　90, 101
個別援助　113
個別援助技術　108
個別性の原則　179, 183
コミュニケーション　110, 131, 135, 155
コミュニティワーク　109
コンピュータ　203, 208, 214
コンピュータ・システム　215
コンピュータ・リテラシ　218

■サ
サービス資源情報提供システム　209
再生法　48
在宅介護　129
在宅サービス　138, 139
在宅支援　191
在宅者監視システム　210
在宅福祉　185, 210
サイレント・コミュニケーション　116
サクセスフル・エイジング　156
産業と人間　27

■シ
支援費支給方式　88
自己覚知　182
自己決定　136, 140
自己実現　137, 175
事後指導　164
自己評価　54, 165, 174
自己理解　178, 190
自習法　38
システムソフトウェア　218
施設介護　129

施設見学　162
施設サービス　139, 159, 210
実習　151
実習記録　165
実習日誌　164
実習の手引き　158
実習報告会　165
実習目標　161
実習連絡協議会　168
紙筆試験　44
質問紙　56
児童家庭福祉　67, 71, 90, 99
指導形態　23
指導計画　25
児童扶養手当法施行令　127
社会構造　63, 69
社会資源　28, 108, 109, 138
社会システム　138
社会福祉演習　17, 21, 28, 29, 177
社会福祉援助活動　107, 112
社会福祉援助過程　184
社会福祉援助技術　17, 21, 105
社会福祉基礎　17, 20, 21, 28, 61
社会福祉行政　87
社会福祉士　188
社会福祉士及び介護福祉士法　12, 31, 127, 131, 167
社会福祉士及び介護福祉士法施行規則　31, 167
社会福祉施設　92, 152
社会福祉実習　17, 21, 151
社会福祉制度　17, 20, 85, 99
社会福祉法　132
社会福祉六法　65
社会保険制度　91
住宅施策　91
住民参加・情報交換システム　210
就業体験　26, 28, 30
集団援助技術　109, 119
就労支援プログラムシステム　223
主観的評価　46
授業時数　23
主体性　178
出力装置（Output unit）　217
受容　183
受容と共感　179
手話　89, 111, 116, 117, 135
巡回指導　163
障害者基本計画　12
障害者基本法　12
障害者福祉　89
障害者プラン　12, 72
障害模擬体験　116
少子高齢化　9, 63, 125
ショートステイ　140
情報モラル　203, 212

索引　231

処遇診断・判断推進システム　210
職業教育　15, 17, 25
職業適性　30
食事介護　145
自立支援　131, 223
自立生活　64, 70, 136, 137
事例　107
事例研究　177
人権　20, 85, 95, 140
真偽法　48
人材確保法　10
診断的評価　59

■ス
スーパーバイザー　163, 164
スーパーバイジー　163
スタンドアローン　205
ステレオタイプ化　157
スモールステップ方式　158

■セ
生活型施設　168
生活の質　134
制御装置（Control unit）　217
正規分布曲線　45
成年後見制度　91
セキュリティ　203
精神保健福祉士法　12
制度　96
絶対評価　44, 173
説明と同意　160
世話人　140
全人性　42
全体性　42
選択法　48
先天障害者　136
専門教育　27
専門高校　15
専門職　131
専門職倫理　154

■ソ
総括的評価　59
総合学科　27
総合的な学習の時間　13, 23, 27
相互学習法　38
ソーシャル・サポートネットワーク　188
ソーシャルワーカー　179, 188
ソーシャルワーク　112
相対評価　45
措置　65
ソフトウェア（Software）　218

■タ
体験学習　152, 159

体験主義　153
体験的調査　115, 121
題材　36
台帳管理システム　209
他者評価　54
他者理解　178, 181, 190
対比的エラー　51
単位　27
単元　36, 48

■チ
地域援助技術　109
地域福祉　68, 72, 80, 138
地域福祉権利擁護事業　91
地域福祉調査　114, 121
知的障害者福祉　89
痴呆　133
中心化エラー　51
中央教育審議会　15
中高一貫教育　13
中途障害者　136
直接介護　133

■ツ
通信ネットワーク　205, 206

■テ
デイサービス　140
デジタル化　206
デジタル・デバイド　211
展開　38
点検シート　165
点字　89, 111, 116, 117, 135

■ト
到達度　47
導入　38

■ニ
ニーズ　108, 128
ニーズキャッチシステム　209
日本介護福祉士会　131
日本国憲法　85
入力装置（Input unit）　216
認定資格　33

■ネ
寝たきり　133
ネチケット　212
ネットワーク　138
ネットワーク・エシック　218
ネットワーク化　206
ネットワークトポロジー　207
年間指導計画　36

■ノ
ノーマライゼーション　65, 70, 129
ノンバーバル・コミュニケーション　111

■ハ
ハードウェア（Hardware）　217
パートナーシップ　15, 152, 166, 168
バーバル・コミュニケーション　111
バイステックの7原則　183
ハイパーテキスト　225
バリアフリー　134
ハロー効果　51

■ヒ
必履修教科　27
評価　41
評価基準　46
評価の安定性　51
評価の客観性　51
標準学力検査　48
標準偏差　45, 48

■フ
ファシリテーター　120
フォーマルサポート　139
不易　14
福祉観　17, 20, 175
福祉サービス　203, 210
福祉サービスシステム　211
福祉情報　209
福祉情報処理　17, 21, 203
福祉マップ　115
プライバシー　20, 140, 155
プライバシー保護　131
プログラム活動　109, 119, 121
プロトコル　226

■ヘ
平均値　48
ベバリッジ報告　66, 71
ヘルパー憲章　132
偏差値　45
ヘンダーソン　128

■ホ
訪問介護員（ホームヘルパー）　28, 31, 33
訪問介護員養成研修事業　17, 33
ポートフォリオ　174
ホームページ　212, 221
補助記憶装置（Auxiliary storage）　217
ボランティア　72

■マ
マークアップ　226
まとめ　38

■メ
マルチメディア化　206

■メ
面接　52, 108, 119

■ユ
ユニットケア　140
ユニバーサルデザイン　211, 222, 225
ユビキタス社会　211

■ラ
ライフサイクル　64, 69

■リ
理科教育及び産業教育審議会　15, 31
履修形態　23
リハビリテーション　136, 137
リハビリテーション法　222

■レ
レクリエーション　110, 115

■ロ
老人福祉法　127
ロールプレイ　113, 120, 179, 182
労働施策　91
論文テスト　48

■ワ
ワークシート　69, 161

索引　233

〈執筆者紹介〉(執筆順)

向後　礼子（こうご・れいこ）
第3講執筆．職業能力開発総合大学校福士工学科講師．
主著(共著)：『学習を支える認知カウンセリング』（ブレーン出版社），『わかりやすい教育心理学』『ヒューマンサービスに関わる人のための人間関係学』（文化書房博文社）など．

渡辺　一城（わたなべ・かずくに）
第4講執筆．天理大学人間学部人間関係学科社会福祉専攻講師．
主著(共著)：『コミュニティとソーシャルワーク』（有斐閣），『地域福祉論』『地域福祉新時代の社会福祉協議会』（中央法規）．

大和田　叙奈（おおわだ・じょな）
第5講執筆．駒澤大学文学部社会学科社会福祉学専攻助手．
主著(共著)：『子どもの権利と社会的子育て』（信山社出版）．

長尾　譲治（ながお・じょうじ）
第6講執筆．駒澤大学文学部社会学科社会福祉学専攻助教授．
主著：『ライフサイクルと保健福祉』（単著：春風社），『現代社会福祉学の理論と実践』（共著：みづほ）．

鴨志田　美幸（かもしだ・みゆき）
第7講執筆．
茨城キリスト教大学生活科学部人間福祉学科講師．

望月　珠美（もちづき・たまみ）
第8講執筆．茨城キリスト教大学生活科学部人間福祉学科助教授．
主著(共著)：『ヒューマンサービスに関わる人のための教育心理学』（文化書房博文社），『老人・障害者の心理』（建帛社），『障害者福祉論』（コレール社）など．

澤　伊三男（さわ・いさお）
第9講執筆．日本社会事業大学専門職大学院 日本社会事業大学通信教育科専任教員．
主著(共著)：『新　社会福祉援助技術演習（事例監修）』『社会福祉士実践事例集Ⅰ・Ⅱ』『日本社会福祉士会十年誌』（中央法規），『社会福祉士現況調査報告書』（社団法人日本社会福祉士会）など．

軽部　幸浩（かるべ・ゆきひろ）
第10講執筆．駒澤大学文学部心理学科非常勤講師．
主著(共著)：『現代のエスプリ（リラクセイション）』（至文堂），『ウソ発見』（北大路書房）．

〈編著者紹介〉

桐原　宏行（きりはら・ひろゆき）
第1講，第2講執筆．
駒澤大学文学部社会学科社会福祉学専攻助教授．
主著（共著）：『社会福祉総説』『福祉心理学』（学芸図書），『社会福祉研究の課題と方法』（田研出版），『わかりやすい教育心理学』『わかりやすい生徒指導論』（文化書房博文社），『障害者福祉論』（コレール社）など．

福祉科教育法

2004年　4月　1日　初版発行

編著者／　桐原宏行

発　行／　三和書籍　Sanwa co.,Ltd.
発行者／　高橋　考
〒112-0013　東京都文京区音羽2-2-2
電話03-5395-4630　FAX03-5395-4632
郵便振替 00180-3-38459
sanwa@sanwa-co.com
http://www.sanwa-co.com/
印刷・製本／株式会社 新灯印刷

乱丁、落丁本はお取替えいたします。定価はカバーに表示しています。
©2004 H.Kirihara 本書の一部または全部を無断で複写、複製転載することを禁じます。

ISBN4-916037-63-4　C3036　Printed in Japan

バリアフリーデザイン・ガイドブック
2004年版

バリアフリー・デザイン・ガイドブック編集部 編
A5判 416ページ 3,000円

- 「家をバリアフリー住宅に改修したい」
「バリアフリー商品のカタログがほしい」
「介護保険給付制度の 受け方を知りたい」
……などのニーズに応える，定番の福祉必携本です．
- 特集：高齢者のこころを考える　など

バリアフリー住宅読本
〈高齢者の自立を支援する住環境デザイン〉

高齢者住宅研究所・バリアフリーデザイン研究会 著　A5判　196ページ　2,200円

- 家をバリアフリー住宅に改修するための具体的方法，考え方を部位ごとにイラストで解説．バリアフリーの基本から工事まで，バリアフリーの初心者からプロまで使えます．
福祉住環境必携本です．

住宅と健康
〈健康で機能的な建物のための基本知識〉

スウェーデン建築評議会 編　早川潤一 訳
A5変判　280ページ　2,800円

- 室内のあらゆる問題を図解で解説するスウェーデンの先駆的実践書．
- シックハウスに対する環境先進国での知識・経験を取り入れ，わかりやすく紹介．

180年間戦争をしてこなかった国
〈スウェーデン人の暮らしと考え〉

早川潤一 著　四六判　178ページ　1,400円

- スウェーデンが福祉大国になりえた理由を，戦争を180年間してこなかったところに見い出した著者が，スウェーデンの日常を詳細にスケッチする．平和とは何か．平等とは何か．この本で新しい世界が開けるかもしれません．

三和書籍　Sanwa co.,Ltd.

http://www.sanwa-co.com/